会津藩は朝敵にあらず

松平容保の明治維新

HOSHI
星亮一
RYOICHI

会津藩は朝敵にあらず

松平容保の明治維新

はじめに

最後の会津《あいづ》藩主・松平容保《まつだいらかたもり》ほど苦難に満ちた生涯を送った大名は他にいない。

京都守護職として、徳川家に忠節を尽くし、孝明《こうめい》天皇から厚い信頼を受けた容保が、一転逆賊として薩長《さっちょう》新政府軍から攻撃を受け、籠城一カ月、三千人の戦死者を出し、敗れ去った。

会津藩の苦難はそれにとどまらなかった。

下北半島を中心とした南部《なんぶ》藩の寒冷地に追われ、老人、子供は飢餓に苦しみ、血も涙もない明治政権を呪い続けた。

私がこの作品で特に強調したのは、薩長政権の理不尽な東北侵攻、特に会津攻撃である。同時にこの悲劇を避けることはできなかったのか、という問題である。

薩長の相次ぐテロ行為で、騒乱状態となった京都の治安維持のために、会津藩が登用されたのだが、本来、京都守護職は彦根《ひこね》の井伊《いい》家がふさわしかった。しかし桜田門外の変で力を失い、松平春嶽《しゅんがく》と一橋慶喜《ひとつばしよしのぶ》が白羽の矢を立てたのが、会津藩主・松平容保だった。

会津藩祖・保科正之《ほしなまさゆき》は、徳川家康《とくがわいえやす》の孫、三代将軍家光《いえみつ》の異母弟であり、会津藩の憲法である家訓《かきん》十五条には、会津藩は幕府とともにあると明記されていた。

このとき、京都は尊王攘夷で動乱の巷《ちまた》と化しており、この難局に当たれるのは、藩祖土津《はにつ》公以来の会津藩をおいてほかにないと、固辞する容保に無理難題が押し付けられたのである。藩内には反対論もあった。しかし徳川幕府のためにそれを押し切って上洛したのは容保だった。容保は、義を重んじる真面目一徹の人物であった。孝明天皇の信頼も厚く、

「朕が信頼するのは、その方だけであるぞ」

と御宸翰《ごしんかん》も賜った。

孝明天皇は過激な尊王攘夷運動を嫌い、一橋慶喜、松平容保を支持し、容保の実弟で京都所司代の桑名《くわな》藩主・松平定敬《さだあき》を含めた一会桑《いちかいそう》政権の誕生に貢献した。

しかし孝明天皇が不可解な死を遂げ、薩長のクーデターで慶喜と容保は京都を追われることになる。

孝明天皇の死は巷間、毒殺といわれた。情報通で知られるイギリスの外交官アーネスト・サトウも驚くべき事件としてこれを記録した。

事件が起こったのは慶応《けいおう》二年（一八六六）である。暮れ十二月十一日、内侍所で、臨時神楽が行われた。

孝明天皇は少々、風邪気味だったが、出御し、途中で気分が悪いと退席された。天皇は翌日発熱し、十三日には症状が悪化した。

十四日には痘瘡《とうそう》による発熱と診断された。十五日に手に吹き出物が現われ、十六日には顔にも吹き出物が生じた。天医一同は孝明天皇の病名を正式に痘瘡と診断した。

やがて回復に向かったが二十五日、激しい吐き気、下痢、下血に襲われ、のたうち回る苦しさのあと三十六歳の若さで息を引き取った。

孝明天皇の突然の死で政局は大転換を遂げ、幼帝祐宮《さちのみや》を抱いた薩長と急進派の公家が天下を握った。会津は京都を追われ、主君容保の斬首を求められたが、これをはねつけて戦闘に入った。戊辰戦争である。

容保は元来、蒲柳《ほりゅう》の質であった。あの会津戦争の無残な光景がいつも脳裏をよぎり、夜中に二度、三度起きることが、しばしばだった。

老いたる親は子に離れ、幼き子は父母を失い、あるいは寡婦となり、負傷して怪我人になる。それらを含めれば数千人が、なんらかの犠牲になったのだ。

冬でも額にじっとりと汗が浮かび、闇の中で溜め息をついた。

人は白虎隊の忠義をたたえ、見事なまでの籠城戦を演じた会津の武士道を褒めちぎったが、下北半島でのお家再興も夢幻と消え、朝敵、逆賊の汚名のもとに、いまだに辛酸をなめる家臣とその家族たちのことをおもうと、容保は胸が締めつけられ、呆然とたたずむのであった。

かつての家臣たちが東京小石川《こいしかわ》の住まいを訪ねても、容保は口をへの字に結んだまま、言い逃れをすることも、他に責任を押し付けることもなく、ただただ沈黙を守り続けた。

容保は錦の布で包んだ一本の竹筒を大事に持ち続けてきた。そのなかには、かつて京都守護職時代、明治《めいじ》天皇の父君・孝明天皇からいただいた容保への御宸翰が入っていた。この竹筒こそが身の潔白を証明する唯一の支えであった。

晩年、容保は徳川家康を祀《まつ》る日光東照宮《にっこうとうしょうぐう》の宮司《ぐうじ》として、東照宮の整備にあたった。容保を補佐する禰宜《ねぎ》は、不仲だった家老の西郷頼母《さいごうたのも》だった。

頼母は京都守護職就任に強く反対し、容保に蟄居《ちっきょ》を命じられた人物である。よりによって補佐役の禰宜として容保に仕えることになったのだ。

見方を変えれば、死ぬまで容保を苦しめてやるという明治政府のやり方かも知れなかった。

頼母は顎髭《あごひげ》をのばした小柄な老人で、風采の上がらない粗末な服に身をつつんでいた。

薩長の新政府軍が会津城下に攻め込んだ日、頼母は一子吉十郎《きちじゅうろう》を連れて、鶴ヶ城《つるがじょう》に駆け込み、

「わしの策を入れぬため、このようなことになったのだ」

と怒鳴り散らした。

この日、頼母の家族は悉く自決していた。

京都守護職就任のころ、会津藩の財政は苦しく、若松《わかまつ》の大火や江戸藩邸の失火、冷害、飢饉《ききん》、さらには蝦夷地《えぞち》の警備や相模《さがみ》海岸警備などの出費が増大、藩は再三にわたって領民に御用金を課し、

苦境のどん底にあった。

しかし朝廷と幕府のためにすべてを投げ打って戦ってきた結果が、朝敵、逆賊の汚名だった。あれから悲喜こもごも、さまざまなドラマがあった。

日光東照宮の宮司は最後のご奉公だった。

夕闇が迫ると、いつしか容保の目に涙があふれ、嗚咽《おえつ》を漏らす日々だった。

人の前では決して見せたことのない、容保の沈痛の叫びであった。

その傍らに顔をゆがめ、悲しげな表情の頼母がいた。

頼母はどこか不可解な人物だった。

西郷隆盛《さいごうたかもり》に書簡を送り、嫡男吉十郎の教育を依頼しており、この人物の節操は、どこか怪しげな部分があった。

女子供は皆自決したのに、本人だけが転々としながら生き続けていることが、不可思議だった。

容保は頼母に関して何も発言していない。終生、煩わしい存在であったと考えた方がいいかもしれない。

容保がこの世を去ったのは明治二十六年（一八九三）十二月五日である。東京小石川区第六天町八番地の屋敷で病没した。数え五十九歳であった。

諱《いみな》は忠誠《まさね》霊神。

孝明天皇が容保に賜った御歌、

たやすからざる世に

武士の忠誠の心をよろこびてよめる

からとった。

一体、容保はどんな大名だったのか。鳥羽伏見の戦のとき、慶喜に命じられたとはいえ、部下を見捨てて、江戸に逃げ帰り、その責任を家臣の神保修理におわせ、自決させてしまったことなど、失態を演じた。白河の戦争のとき、軍事的知識のない西郷頼母を総督に選び、大惨敗を喫し、奥羽越列藩同盟の瓦解に結び付けたなど、失敗も多かった。だが、部下思いのやさしさが身上で、「我れ朝敵にあらず」を貫いた稀有な大名だった。

この本はこの時代に生きた数ある大名の中で、最も悲劇的な人生を過ごした松平容保の内面に迫ったものである。

装丁 tokyo synergetics

目次

第二章　舞台は京都

第三章　会津から見た新選組

第四章　京都大激闘

第五章　孝明天皇の死

第六章　鳥羽伏見の激闘

第七章　無念の帰郷

第八章　流罪

第九章 意識改革

第十章　最後の蜂起

終　章　私の容保論

第一章　激動の嵐

美貌の貴公子

松平容保は、美濃国高須城主《みののたかす》、松平義建《よしたつ》の六男として天保《てんぽう》六年（一八三五）十二月二十九日、江戸四谷《よつや》の高須藩邸松平家の上屋敷で生まれた。

美濃高須藩は尾張《おわり》徳川家の分家で、三万石の大名である。会津に比べれば小藩だが、父義建はなかなかの子福者で、妻妾に八人の男子を生ませた。

長男と四男は早世したが、六人は立派に成人し、後のことになるが、次男慶勝《よしかつ》は尾張徳川家を継ぎ、三男武成《たけしげ》は石見《いわみ》浜田六万石、五男茂栄《もちはる》は一橋家、七男定敬は伊勢桑名十一万石、八男義勇《よしたけ》は主家を継ぐこととなる。きらびやかな兄弟といえるだろう。

容保は幼名を銈之允《けいのすけ》といった。兄弟のなかではもっとも容貌にすぐれ、

「この子はいずれ大大名の養子になろう」

と、父義建は密かに期待を寄せた。

「銈之允君を会津松平家に」という使者が、高須藩邸に来たのは、弘化《こうか》三年（一八四六）であった。

銈之允数え十二歳の春である。

会津松平家と高須松平家の間には、いわくいいがたい因縁があった。会津松平家の当主容敬《かたたか》は、

第六世容住《かたおき》の次男である第七世容衆《かたひろ》の弟ということになっているが、それは表向きのことで、実は水戸藩主徳川治保《はるもり》の次男義和《よしなり》の子であった。

義和は高須松平家に養子に行くことになっていたが、その直前に水戸の奥女中に手をつけ、子供を生ませた。

子がなかった会津藩では、水戸徳川家の子ならばと密かに義和の子をもらい受け、容住が亡くなった時、侍妾が懐胎していたと幕府に届け、第八世容敬を誕生させた。

はたして秘密を守り通せたものか、疑問の余地もあるが、御三家と親藩会津が仕組んだ策だった。

これといった横槍も入らず、容敬は第八代会津藩主となり、名君として数々の業績を残していく。ところがまたしても子供に恵まれない。会津藩首脳は憂色を深めた。子がなければお家とりつぶしの憂き目に遭う。

容敬の最初の妻は久保田《くぼた》藩主佐竹義和《さたけよしまさ》の女、節姫である。小柄で体が細く、はじめから出産を危惧する声もあった。

案の定、一向にご懐妊の様子がない。胸の痛みを訴えて臥せる日も多く、そのうち俄に重い病となり、薬石効なく、息を引き取った。

継室は金沢《かなざわ》藩主・前田斉広《まえだなりなが》の女、厚姫である。今度こそはと期待したが、生まれた女子は早世し、その後も一向に懐妊しない。

重臣たちは、大名の姫君ではお子を望むべくもないと、絲《いと》、寿賀《すが》の二人の侍妾をあてがった。容敬は二人の妾に四男五女を生ませたが、次女敏《とし》姫を除いては、ことごとく夭折《ようせつ》した。生存率の低い時代とはいえ、「会津藩だけが、どうしてこうもお子にめぐまれないのか」と、重臣たちは嘆息した。

容敬も、いたく失望した。

親戚の上総《かずさ》飯野藩主・保科正丕《まさもと》は子福者だったので、女の照《てる》姫を養女に迎えた。いずれ婿をとってと考えたが、どうしても男子が欲しい。そこで異母弟の高須松平家に、目をつけた。

銈之允にとって、容敬は実父義建の異母兄、伯父になる。容敬の表情や仕草が、どこか実父に似ており、最初に会った時から容保は親しみを覚えた。血の濃さであろう。

銈之允が江戸城和田倉門内の会津藩上屋敷に入ったのは、弘化三年（一八四六）六月である。

銈之允は、うりざね顔の貴公子で、

「なるほど、お子柄がいい」

と、家中が騒いだ。

銈之允の新しい家族は、養父母と侍妾の絲、寿賀、それに二つ年上の義姉照姫、生後間もない敏姫である。

照姫は勝ち気な女性で、おとなしい銈之允には、丁度いいという人もいたが、なにせ十二歳と十四歳の幼い二人である。

結局、照姫は十七歳の時、豊前中津《ぶぜんなかつ》藩十万石の奥平昌服《おくだいらまさもと》に嫁いだ。しかし、どのような事情か、間もなく離婚し、会津の江戸藩邸に帰ってくる。

そうしたことで銈之允は皆の期待を一身に集め、帝王学を受けることになる。

みちのくの奥深い山塊にある会津は、東は奥羽《おうう》山脈、西は越後《えちご》の連山、南は日光《にっこう》、那須《なす》の帝釈《たいしゃく》山脈にさえぎられ、冬は丈余の雪が積もる天然の要塞であった。

しかし関東に近いこともあり、いつも体制側につく固有の歴史があった。特筆されるのは大塚山《おおつかやま》古墳である。この古墳は会津若松市の中心から東北に二・五キロほど離れた大塚山にあり、会津の豪族が、大和朝廷と密接な関係にあることを示していた。

会津は早くから陸奥開発の拠点の位置を占め、蝦夷《えみし》との戦乱の際は、多くの兵士が大和軍の一員として参戦していた。

戦国時代に入っても芦名《あしな》氏、蒲生《がもう》氏と中央政界の人々が会津に入部、奥羽の諸大名、特に伊達家を牽制する役に当たった。

徳川時代になると、その形はもっと明確になり、藩祖・保科正之は四代将軍家綱《いえつな》の後見役として、並ぶ者のない権勢を誇った。

有名なのは、幕府とともに歩むことを会津藩の憲法とした家訓十五条の制定である。

銈之允を迎えた会津藩では、藩主容敬が直々に教育に当たった。

会津藩邸上屋敷の奥まった一室には、藩祖・保科正之を祀った祭壇があった。

「あれは土津公である」

容敬は正之の画像を指した。そして会津では、死後、仏ではなく神になるのだと教えた。正之は猪苗代《いなわしろ》の土津神社に祀られ、土津霊神としてたたえられている。それが、銈之允が最初に受けた教育であった。

神として祀られている正之も、素顔は人間味あふれた君主で、若い頃は気苦労の多い生活を余儀なくされた。

正之の祖父家康は十七人もの女性に囲まれ多くの子女を育てたが、その反動のせいか、正之の父秀忠《ひでただ》は歴代将軍のなかで珍しい恐妻家だった。正室江子《こうこ》に頭があがらず、生涯、一人の妾も手もとにおかなかった。

江子は幼名小督《おごう》、お江与《えよ》ともいい、浅井長政《あざいながまさ》と織田信長《おだのぶなが》の妹、お市《いち》の方との間に生まれた女子である。

お市の方は戦国一の美女といわれた女性である。その血を引いている江子も、目の覚めるような美人である。きっとにらんだ目は、妖艶で、身ぶるいするほどである。

江子は、はじめ尾張大野城主佐治一成《さじかずなり》に嫁いだが、豊臣秀吉《とよとみひでよし》の命によって離別させられ、秀吉の養子秀勝《ひでかつ》に嫁いだ。

佐治には、嫁がなかったとする説もあり、わからない部分もあるが、再婚を除けば、美貌といい、気品といい、将軍の妻にふさわしい貫禄である。

結婚した時、秀忠十七歳、江子二十三歳。六歳も年が離れていては、最初から頭が上がらなかったわけである。

しかし夫婦仲はよく、二人は七人もの子を儲け、嫡男は三代将軍家光になる。

徳川家康は、息子の嫁を選ぶに際し、年がどうのとか、再婚ではだめだとか、世間体は意に介さなかった。江子の器量を見込み、この女なら間違いないと、秀忠の嫁にしたのだろう。

だが、どんなに謹厳実直な秀忠とて男である。年上の妻に、頭を押さえられていることに反発してか、一度だけ浮気をした。相手は奥に奉公に来ていた江戸板橋《いたばし》在の大工の娘、お静《しず》である。

妻にはない初々しさがあった。

だが妻や乳母の目が怖かった。将軍の子供には乳母がつく。その子が将軍になれば、乳母もまたたぐいまれな権勢を得ることができる。

長男竹千代丸《たけちよまる》には後の春日局《かすがのつぼね》、お福《ふく》がいた。竹千代丸は、器量が良くない。動作も鈍い。

二男国千代《くにちよ》が生まれると、江子はもっぱら国千代を愛するようになった。色白で目元が涼しく、鼻筋の通った愛くるしい美童なのだ。

同じ将軍の子供だというのに、大奥は竹千代派と国千代派に分かれ、なにかといがみ合うことになる。

そんなおりに、お静が懐妊した。

もし男子が生まれれば、騒動の種になる。えらいことになったと秀忠は狼狽《ろうばい》した。

ひそかにお静を外に出し、生まれた子供を信州高遠《しんしゅうたかとお》の保科弾正大弼正光《まさみつ》の養子にした。

それが会津藩祖・保科正之である。

正之は幼名を幸松丸《ゆきまつまる》といい、二十一歳で高遠藩を継ぎ、三万石の城主となった。

その後、東北の最上《もがみ》へ転封となり、寛永《かんえい》二十年（一六四三）、会津藩二十八万石の大名になった。

最上時代の正之は、あまり評判がよくない。農民一揆が起こった際、話を聞くと農民を集め全員の命を奪っている。

典型的な封建領主であった。

晩年は江戸で過ごし、四代将軍家綱を育てるが、三代将軍家光がこの世を去った時、家綱はまだ十一歳の少年、幕政にとって、大きな危機であった。それを支えたのは正之だった。

徳川幕府も三代から四代に移ると、戦国時代の武断政治から文治政治への転換期に入る。

法律や儀礼によって、秩序正しく政治を執り行なうことになる。

力による争いを避け、すべて平和裏に行なうことこそ、徳川幕府を存続させ、民・百姓も幸せな暮らしができる、という考えである。

正之は争いのない社会をいかにつくるかに、心をくだいたとされる。

家康の時代までは、力がすべてであり、武力をみがき、戦を仕掛け、あるいは策略をもって他国を奪いとり、勝つことがすべてであった。

信仰も迷信のたぐいが幅をきかせ、多くの武将は陰陽師によって戦いの日時、方角を選び、縁起も大いにかついだ。

家康の周りには、天海《てんかい》や崇伝《すうでん》ら僧侶がいて、参謀の役割を果たした。しかし、四代将軍ともなれば、為政者に求められるのは、武でも迷信でもない。身をもって下を率いる人格である。

正之に一貫して流れる根本思想は、道理に従って行動する儒学《じゅがく》だった。

とくに朱子学《しゅしがく》に根本思想を見いだし、林羅山《はやしらざん》や山崎闇斎《やまざきあんさい》ら当代一流の学者を動員し、将軍の心得書「輔養編《ほようへん》」を編纂、会津にちなんだものとしては『会津風土記』や『会津旧事雑考』などの史書を編纂し、名君と仰がれた。

正之の文治思想を、もっともよく表わしたのが、会津藩の家訓である。寛文《かんぶん》八年（一六六八）に制定されたもので、これを家老田中正玄《たなかせいげん》に手渡し、末代まで守るように命じた。

それは十五条から成っていた。

一、大君の義、一心大切、忠勤に存すべし。列国の例を以て自ら処るべからず。もし二心を懐かば、則ち、我が子孫にあらず。面々、決して従うべからず。

これが第一条であった。そして、大要、

一、もしも、その志を失って、遊楽を好み、ぜいたくをし、士民に迷惑がかかるようであれば、何の面目で君主の地位にあり、土地を治めていけるのか。辞任し、蟄居すべきである。

とあった。

容敬は一語一句、かみしめるように読み上げ、銈之允に聞かせた。

十二歳の時、銈之允は江戸城に登城し、将軍家慶《いえよし》に拝謁した。

旧八月なので、暑さも峠を越し、秋風が漂い始めた頃である。

会津藩は彦根、高松と並んで俗に常溜《じょうだまり》といわれた。在府のときは、毎月十日と二十四日に登城して、黒書院の溜間《たまりのま》に詰め、老中に謁し、将軍の起居を伺い、政務について老中と討議し、あるいは直接、将軍に意見を上申した。

また諸大名に大事を伝達するときは、老中と列座し、その席次は、老中より上座とされた。

この年の暮れ、十二月十六日には従四位下侍従に叙せられ、若狭守《わかさのかみ》を兼ね、家格にしたがって溜間詰めとなった。

名も容保と改め、会津藩を担う世子として、養父容敬とともに登城した。

容敬が昵懇にしていたのは、彦根藩主の井伊直弼《なおすけ》である。容敬は直弼の後ろ盾となって、陰に陽に補佐した。

そんな関係で、直弼も容保を我が子のように可愛がり、

「にわかに我が子が、一人増えたようでござる」

と、目を細め、容敬を喜ばせた。直弼は容保に弓馬、剣槍、居合いなど諸術を学ぶことをすすめ、さらに茶の湯、詠歌など風流の道を忘れてはならぬと説いた。

主君の道は武にあらず

容保の弱点は体が虚弱なため、武道には一向に興味がわかず、自ら木刀をとることはないことであった。これでは武将になれぬと思うが、長く外気に当たると喉を痛め、風邪を引くので、いかんともしがたい。

そんな時は、実家の高須藩邸上屋敷に行き、父義建に泣きごとをいった。

「主君の道は武ではないぞ」

父は、そういった。同じ兄弟でも弟の定敬は剣術、槍術なんでもござれである。弟の方が会津藩に向いていると思うことがあった。

その分、学問には、大いに興味を抱き、異国にも関心を持った。

この頃、日本の近海にしばしば異国の船が現われ、溜間詰めの会津は、彦根とともに江戸湾の防備に当たった。

この頃、江戸家老をしていた山川重英《やまかわしげひで》、軍事奉行・黒河内《くろこうち》高定ら三百余人が房総に詰め、大砲を並べて異国船を警戒した。

嘉永《かえい》元年（一八四八）には、養父容敬が房総の地を巡視した。

ここに駐留する会津藩兵は、千三百人、大小砲は四百七十余門、船も十九隻あり、発砲、操船の技は見事なものであった。

「我が会津が守っているのですから、異国が攻めて来ても、大丈夫でございましょう」

ある時、容保が容敬に聞いた。すると、容敬は困った顔になり、

「我が方の舟は、なにせ小さい。異国の舟は大艦と聞く。また故なくして砲撃せば、異国の信を失う。何ごとも慎重に運ばねばならぬ」

と、言い、

「我が会津の任務は、奥羽鎮撫にある。しかるに、いま、兵を房総の地に送るのは、浪費巨大にして国力にたえがたい」

と、つぶやいた。

それから二年ほどたった嘉永三年（一八五〇）二月、麹町《こうじまち》から出火した。おりからの烈風にあおられて、火はたちまち燃え広がった。

幸い、会津上屋敷に火が至らなかったが、外桜田の彦根藩上屋敷に、火の手が迫った。

丁度、養父は八丁堀《はっちょうぼり》の若年寄本多忠徳《ほんだただのり》公の屋敷に井伊直弼と一緒にいた。急を聞いて駆け付けた時は、土蔵を残すのみで、他はことごとく焼け落ちていた。

容保も養父を追って、彦根屋敷に見舞いに行った。いつも元気な直弼が、この日ばかりは悄然《しょうぜん》とうなだれていた。

ここがおのれの城か

江戸で五年間、帝王学を修めた容保は、嘉永四年（一八五一）五月、はじめて会津へ下った。十六歳の春である。

江戸育ちの容保にとって、みちのくの風物は、すべてが新鮮、別世界であった。那須連山には、雪が残っていて、たとえようもない美しさだった。

会津国境の勢至堂峠《せいしどう》を下がって、猪苗代湖近くの三代《みよ》の宿まで来ると、大勢の家臣たちが待ち受けていた。萱野権兵衛《かやのごんべえ》、簗瀬三左衛門《やなせさんざえもん》、西郷頼母など重臣たちの顔があった。

猪苗代湖は、想像していたよりはるかに大きく、沖合いには帆かけ舟も走っている。心地よい風が吹き、紺碧の水の彼方に、秀峰があった。

磐梯《ばんだい》山である。

形のよい峰が、空高く突きでていて、頂上の辺りに、うさぎのような残雪があった。

容保を迎えた会津城下は、祭りのように賑やかである。老いも若きも沿道に出て、容保を歓迎した。

会津鶴ヶ城にも目を見張った。

見慣れている江戸城と異なり、秀麗ななかにも、戦国時代の城郭をおもわせる、力強さがあった。

ここがおのれの城か。

容保は、身ぶるいするほど興奮した。

会津鶴ヶ城の築城は、遠く南北朝時代にさかのぼる。ほぼ現在の形に築城したのは、戦国大名蒲生氏郷《がもううじさと》である。

氏郷は織田信長の有力な家臣で、信長亡きあとは秀吉に仕えた。秀吉は天下を統一すると、会津に氏郷を配した。

石高は九十二万石、徳川家康の関八州二百四十万石、毛利《もうり》輝元《てるもと》の山陽・山陰百十二万石に次ぐ天下第三位の石高である。

城内の大書院には、氏郷が描かせた「泰西王侯騎馬図」があった。

異国の騎馬武者が剣を抜いて、いままさに、斬りかからんとする図である。容保は絵に吸い寄せられた。この山深い会津の城に、異国の王侯の騎馬図がある。不思議な組み合わせに、内心の驚きを隠すことができなかった。

藩祖・保科正之を祀る、猪苗代の土津神社にも詣でた。

本殿は四方に緑を張り、朱塗りの手すり、柿葺《こけらぶ》きの屋根、鬼板の棟でつくられ、東西に若宮二社、末社三社、碑石守寺一社を配し、境内には高い石碑があり、そこに正之の事歴が書かれていた。

日々、目まぐるしい忙しさである。藩校《はんこう》日新館《にっしんかん》で弓術、馬術、槍術、剣術などの激しい訓練を見学し、漢学、和学、神道を学ぶ生徒たちの姿にも接した。

子供たちは、六行の道徳で律せられていた。

父母に孝行をつくす。弟妹を愛し、年長者を敬い、幼いものをいたわる。家を守り、親族と親しくする。友を愛し、信を得る。親戚友人、近隣に災難や病があれば、これをたすけるなどが教えられていた。

会津藩の最大の特徴は、教育のレベルの高さにあった。

幼児教育も熱心で、藩校日新館に入学する十歳の前は、町内ごとに遊びの什《じゅう》があり、ここに子供たちが集まり、声をだして本を読む。その勉強ぶりは、容保も舌を巻くほどで、江戸の深窓で育った自分に、恥じらいさえ感じた。

そして会津藩の究極の教えは「ならぬことはならぬ」だった。

武士にあるまじき行為は、一切ならぬことである。武士とは厳しい戒律のもとに、おのれを律し、日常生活では農・工・商を指導し、国を守り、一朝、事あるときは、主君のために死ぬことであった。

もし恥ずべきことをした時は、切腹であった。

不思議なことに、会津に来て三カ月も過ぎると、容保の体も、見違えるように健康になった。

家臣たちのことも勉強した。

まず重臣たち。会津藩の重臣の多くは、保科正之公以来の旧家によって占められている。

幕府のように御三家があり、筆頭は北原采女《きたはらうねめ》二千八百石、以下、内藤介右衛門《ないとうすけえもん》二千二百石、田中《たなか》土佐《とさ》千八百石、さらに簗瀬三左衛門二千石、西郷頼母千七百石、三宅孫兵衛《みやけまごべえ》千四百石、高橋外記《たかはしげき》千三百石、小原美濃千二百石、井深茂右衛門《いぶかもえもん》千石の六家が続いた。

時代が下るにつれて、新家老もふえ、諏訪大四郎《すわだいしろう》千七百石、萱野権兵衛千五百石、梶原平馬《かじわらへいま》、横山主税《よこやまちから》、神保内蔵助《じんぼくらのすけ》、山川兵衛《やまかわひょうえ》千石、山崎小助八百石らが加わっていた。

十八歳の藩主

嘉永五年（一八五二）正月、江戸から急報があった。

「容敬公、病に臥す」

城内は騒然となった。

容保は重臣たちと早駕籠で、江戸に駆け付けた。しかし容敬の病は重く、看病の甲斐もなく二月十日、四十七歳の生涯を終えた。

閏二月二十五日、容保は封を継ぎ、肥後守《ひごのかみ》に任ぜられ、第九代会津藩主に就任した。年齢わずか十八歳、その年の暮れには左近衛権少将《さこんえごんのしょうしょう》に昇進した。

容保が会津藩主に就任した時代は、外国によって太平の夢が破られる、狂瀾怒濤《きょうらんどとう》の世であった。会津は、いつもその渦中にいる、不思議な運命を持っていた。

ペリーの黒船が来航する四十年も前に、北海の島・択捉島《えとろふ》にロシアの軍艦が姿を見せ、上陸した兵士が、小屋という小屋に火を付ける出来事があった。この事態を重く見た幕府は南部、津軽、秋田、庄内、会津の五藩に蝦夷地警備の命を下した。

会津藩は文化五年（一八〇八）、千名もの兵を宗谷《そうや》に送り、樺太《からふと》の久志由牟古多牟《クシュンコタン》で三カ月にわたって警備している。

ロシアの脅威が薄らぐと、アメリカの東インド艦隊が、江戸近海に出没する。

今度は房総《ぼうそう》の警備である。

容保も房総半島をたびたび訪れ、警備の兵を慰労したが、膨大な出費がかさみ、江戸藩邸の苦労は、その経費をいかに切り詰めるかであった。

それだけに米国艦隊の襲来は、容保にとっても衝撃だった。容保は連日、溜間に詰め、井伊直弼とともに老中阿部正弘《あべまさひろ》を補佐し、幕政に加わった。

房総半島の兵士たちから来る報告は、黒船はあまりの大船で、戦さにならないとするものだった。しかし手をこまねいて見ているわけにもいかない。異人が上陸し、乱暴に及べば、断固戦うべしとする指令をだした。

会津藩の江戸湾の警備は、房総半島と三浦半島の二つの基地で行なわれた。

この地にあった上総博物館に「会津藩士競泳之図」が残されているという。海上四里の遠泳会で三名が泳ぎ切った。それを描き、絵馬として神社に奉納したものである。

日本と国交を結びたいとするペリーの要望をどう扱うか、国論は大いにゆれた。なかには黒船打ち払いの奇抜な提案もあった。

黒船に押しかけて酒盛りをし、すきを見て火薬庫に火を付けるとか、江戸湾に木の柵を造って沈め、黒船が動けないようにするなど滑稽なものが多かった。

容保は、どう対処すべきか、家臣たちに問うた。

江戸家老・横山主税の配下には秋月悌次郎《あきづきていじろう》、野村左兵衛《のむらさへえ》、手代木直右衛門《てしろぎすぐえもん》、外島機兵衛《としまきへえ》、広沢富次郎《ひろさわとみじろう》、小野権之丞《おのごんのじょう》、柴太一郎《しばたいちろう》ら多彩な人物がいた。

歴史に、もしもはないが、会津藩が無残な敗北を喫しなければ、どの顔も明治政府の中枢で何かをなす識見と能力を持っていた。

ちなみに秋月悌次郎は、晩年、熊本の旧制第五高等学校で国漢を教え、外国人教師のラフカディオ・ハーンに、神のような男といわせた。

広沢富次郎は青森県三沢《みさわ》に、わが国初の洋式牧場を開き、下北半島の開発に尽力。小野権之丞は箱館戦争に参戦、西洋医の高松凌雲《たかまつりょううん》とともに箱館《はこだて》病院を開設、榎本武揚《えのもとたけあき》と新政府軍との間に入って戦いを終結させた。

柴太一郎は、会津人最初の陸軍大将、柴五郎《ごろう》の長兄である。太一郎には五郎のほかに五三郎、茂四郎の二人の弟がいて、茂四郎は後に東海散士《とうかいさんし》を名乗り、衆議院議員をつとめ、政治小説『佳人之奇遇』を著わしている。

山本覚馬《やまもとかくま》、佐川官兵衛も、この頃、江戸に来ている。物情騒然たるなかで、会津藩は、新しい時代の荒波に立ち向かってゆく。

広沢富次郎が会津をでる時、詠んだ詩がある。

大義によって、根本の道をあけようとおもう。ひとたび決心すれば、疑いはない。つまらぬことで口舌をくり返すことはせず、至誠であれば、天を貫く時がある。

大義とは、君臣の歩むべき道であり、根本の道とは君臣、父子、夫婦の道の三綱と礼、義、廉、恥の四綱を指している。

富次郎は江戸昌平黌《しょうへいこう》で、校長林大学頭《はやしだいがくのかみ》にその才を認められ、舎長に選ばれた人物である。文才にたけているのは当然だが、至誠こそ武士道とする考えは、全藩士の胸のうちにあった。

鬼官兵衛の忠誠心

特異な男もいた。

武闘派の佐川官兵衛である。

いつ、どこで、何が起こるかわからない。人が集まれば事件も起きる。

安政《あんせい》年間、官兵衛は江戸藩邸上屋敷の火消頭の役にあった。江戸の火事は日常茶飯事で、この日は本郷《ほんごう》の方角に、火の手があがった。

本郷には親戚の加賀前田公の藩邸がある。横山は官兵衛に、見舞いに行くよう命じた。

火事となれば血が騒ぐ。

官兵衛は弟の又三郎《またさぶろう》と、部下の黒河内《くろこう》友次郎《ちともじろう》らを引き連れ、馬に飛び乗って前田邸へ急行した。

途中、神田明神までくると、消火中の幕府の火消隊に、

「待てッ」

と止められた。

「拙者は急ぐのだッ」

官兵衛は馬に鞭を当てるや、ここを一気に突破した。根に持った火消隊が、官兵衛の帰りを待ち伏せしたため、事が起こる。

「幕府火消隊をなんと心得る。斬れッ」

消防司令が刀を抜くや、火消たちが一斉に斬りかかった。売られた喧嘩は、買うしかない。

「会津藩、佐川官兵衛ッ」

大喝するや、まっしぐらに、司令の旗本のところに馬を走らせ、一刀のもとに斬り倒した。又三

郎も友次郎も剣術の猛者で、たちまち二人を斬り殺した。

この騒ぎ、町奉行所の知るところとなる。会津藩邸に苦情が来た。

「殿、非は向こうにござる」

横山主税が、あちこち走り回って、ことが表沙汰になるのを防ぎ、官兵衛は帰国、謹慎の処分ですんだ。

たとえ火消でも、みだりに私闘は禁ぜられている。まして旗本はお家断絶になる。そのため内密の処理となった。

「殿、ご迷惑をおかけ致しました」

帰国の日、官兵衛は、いつになく神妙である。そのようなことで、目くじらを立てては、家臣が畏縮する。

「いずれ、江戸に戻すぞ」

容保は短くいった。

これを機に、官兵衛の主君へのおもい入れは、ますます強くなり、常に第一線で働くことになる。

ペリーの来航が一段落した安政六年（一八五九）九月、会津藩は品川砲台の守備がとかれ、新たに蝦夷地の統治を命ぜられた。ニシベツからサワキに至る九十余里に及ぶ海岸である。

学校奉行・田中玄純《はるすみ》を蝦夷地に送り、統治に当たらせることにした。幕府を宗家と仰ぐ親藩だけに、いつも率先して苦難の道を歩まねばならなかった。

万延元年（一八六〇）の桜田門外の変が起こった。

容保は在国中で、江戸藩邸からの急報で、大老井伊直弼の死を知った。

大老暗殺と悌次郎

万延元年（一八六〇）三月三日、この日は小雪まじりの寒風が吹き、樹上に時ならぬ花をつけ、春にはめずらしい悪天候であった。

直弼は五つ半時（午前九時）、外桜田の屋敷をでて、江戸城に向かった。供廻りは徒士《かち》以下二十六人、それに足軽、草履取り、駕籠かき、馬夫など総勢六十人余である。

徒士は雨合羽をつけ、刀には雪水がしみ込むのを防ぐための柄袋をつけていた。これが命とりとなる。まさかという油断である。

直弼の行列が、外桜田門外の杵築《きつき》邸の門前を通り過ぎた時、一人の男が直弼に訴状を手渡すような格好で、待ち構えていた。

供頭の日下部三郎右衛門《くさかべさぶろうえもん》と供目付の沢村軍六が、この男に近付こうとして、いきなり斬られた。

続いて他の一団が殺到した。まさかの襲撃のため、次々に傷を負った。

駕籠がぽつんと路上に残された。浪士は白刃をふるって駕籠を突き刺し、直弼を駕籠から引き出し、一刀のもとに首をはねたのだ。

直弼を襲ったのは水戸脱藩の関鉄之介《せきてつのすけ》、稲田重蔵《いなだじゅうぞう》、山口辰之介《やまぐちたつのすけ》ら十七人と、薩摩の有村次左衛門《ありむらじざえもん》の総勢十八人である。

大老暗殺という、未曾有の大事件である。容保は呆然と傍らの横山を見た。

「彦根勢は激昂し、水戸を襲うといきまいておりまする。先代がご存命であれば、なんと仰せられたでござろうか」

「つらい話だ」

容保は呻吟《しんぎん》した。

会津と水戸は縁戚である。彦根は、それ以上の付き合いをしている。

「亡くなられた大老のためにも、ここはわが会津が騒ぎを静めねばなりますまい」

横山が毅然たる態度でいった。

「しからば誰が適任か」

「外島と秋月にやらせてはいかがでござろう」

横山が外島機兵衛と秋月悌次郎を呼んだ。

二人は事件の発端、背景、今後の見通しなどを明確に述べた。

「違勅の罪を犯してまで、日米条約に調印したことに発端がございましょう」

と外島がいった。

英仏艦隊が来航して、条約の締結を迫る非常事態に際し、これを拒んで国体を辱めるか、あるいは勅許を待たないで条約に調印するか、二者択一の状況のなかで、直弼は後者を選んだのだった。

「よろしく頼むぞ」

容保は二人を送りだした。

江戸城は、蜂の巣を突ついたような騒ぎである。

老中の安藤信正《あんどうのぶまさ》と久世広周《くぜひろちか》は、水戸浪士の暴挙に怒り、武力にかけても水戸の罪をただすと主張した。

大老が日中、殺されたのだ。幕府の大失態である。加えて内戦となれば、国内は騒乱状態になる。朝廷は、これ見よがしに攘夷を迫ろう。

「水戸は、御三家の筆頭にござる。思うに今回のことは、一部の過激な者どもが脱藩して、この挙にでたもの。もとより水戸家の責任は免れないが、藩自らが犯した罪とは思いませぬ」

容保は溜間で、強く説いた。

外島機兵衛と秋月悌次郎は、すぐに江戸市中を駆け回った。悌次郎の経歴が、こうした場合、ものをいう。

悌次郎は十九歳で江戸に上り江戸昌平黌に入学、三十歳で舎長に選ばれた。悌次郎の強みは、昌平黌の仲間が全国に散らばっていることだ。

加えて、旅で培った幅の広い識見がある。悌次郎は安政四年（一八五七）から一年間、全国漫遊の旅にでている。松山、萩、長崎、鹿児島、熊本を歩き、帰国後、『列藩名君賢臣事実』と『観光集』をまとめ、容保に献上していた。

悌次郎が自由に振る舞えるのは、才能もあるが、横山が悌次郎の能力を高く評価し、時間と金を、存分に与えているからである。

水戸と彦根の問題も何とか解決した。

どこにも、やっかみはある。なぜ悌次郎ばかりが、という声が容保の耳にも入る。しかし容保はとりあわなかった。

井伊直弼の誤算

桜田門外の変の背景はなんだったのか。

東京都荒川《あらかわ》区の小塚原回向院《えこういん》に桜田門外の変に加わった浪士たちの墓が並んでいる。浪士たちは無縁仏とされ、ここで供養されたのである。

公用方の外島機兵衛が言うように、事件の背景は複雑だった。

開国に踏み切った井伊直弼は、二つの問題を抱えていた。一つは米国との通商条約問題で、孝明天皇の勅許を得られなかったことである。これで公家や外様の薩長から反感を買っていた。

二つ目は将軍家定の跡継ぎ問題があった。直弼は家定に近い血縁の紀州藩主・徳川家茂《いえもち》を推薦していたが、水戸の徳川斉昭《なりあき》や薩摩の島津斉彬《しまづなりあきら》は斉昭の実子一橋慶喜を推して対立していた。

これを一層複雑にしたのが孝明天皇の「戊午《ぼご》の密勅」である。

天皇が幕府を批判し、水戸藩に直接命令を下したことで事態は複雑になった。直弼は密勅に関係した斉昭を永蟄居、家老安島帯刀《あじまたてわき》を切腹させた。このほかに幕府批判派の公家や浪士を百人以上捕え、孝明天皇の密勅を返納させた。

これが大反発を招き、桜田門外の事件を引き起こし、討幕の発火点になってしまった。

それにしても直弼は不用意だった。

江戸城の前で首を刎《は》ねられ、幕府の権威は失墜した。

新設ポスト〝京都守護職〟

松平容保に、京都守護職という聞きなれない話が持ちこまれたのは、桜田門外の変の二年後、文久二年（一八六二）七月中旬、暑い日の午後であった。

福井藩の江戸屋敷に呼び出された家老の横山主税と留守居役の堀七太夫《ほりしちだゆう》、外島機兵衛が息せき切って戻り、汗をふきながら、このことを告げた。

この新しいポストを考えたのは、幕府政事総裁職の前の福井藩主、松平春嶽である。

松平春嶽、本名慶永《よしなが》だった。

会津藩の前にたちはだかったこの人物、生まれは三卿の田安《たやす》家、家格は尾張、紀伊、水戸の御三家につぐ。田安家の家風は倹約簡素。しつけは厳格で、子供の頃は朝六時半起床、自分で身支度をすると、『大学』『論語』を素読し、十時ごろから武術や作詩など諸稽古に励んだ。

十一歳のときに、越前福井藩の養子になった。若い日々、師と仰いだのは、幕府老中の阿部正弘と薩摩の島津斉彬である。二人の大物から弟のように可愛がられた。その二人も、もう、この世にいない。

閨閥も容保の比ではない。

十一代将軍家斉《いえなり》は伯父、十二代将軍家慶はいとこ、長兄斉荘《なりたか》は尾張家十二代藩主、次兄斉位《なりくら》は一橋家、弟の慶頼《よしより》は将軍家茂の後見職をつとめ、末弟の慶臧《よしつぐ》は尾張家十三代藩主といった具合である。

年は容保より八つ上の三十五歳。政治家として脂の乗った年代である。井伊直弼と対立し、隠居謹慎処分を受けたこともあるが、人格、識見ともに当代一流といわれ、一橋慶喜とともに国政に登場した。

春嶽と対比されるのは、土佐の山内容堂《やまうちようどう》である。容堂が豪放磊落《らいらく》、酒と女を愛し、「鯨海酔侯《げいかいすいこう》」を雅号としたのに対し、謹直、誠実、几帳面を旨とした。

至誠を藩是とする会津藩には、苦手なタイプである。横山は、蛇に睨《にら》まれた蛙のように、

「はあー、はあー」

と聞いてしまった。

一体、京都でなにをするのか。

容保は公用方の藩士たちを呼び集めた。会津藩の外交を司る藩士たちである。責任者の野村左兵衛が姿を見せた。

「なにも聞いては、おらなかったのか」

横山が開口一番、野村にただした。

「なにも」

と口をつぐんだが、春嶽が会津藩の兵力を聞いたことがある。会津が政治の中枢に引き出されることになる、という漠たる予感があった。

このところ、幕閣の会合は、京の話に終始していた。孝明天皇は極端な攘夷論者で、天皇を中心に尊王攘夷運動が益々激しさを増している。

「幕府が直接、兵を出すべきであろう」

「会津に京を抑える力はない」

「いや、会津の武勇を天下に示す、好機到来ではないか」

公用方の論議は白熱化する。

「国もとは不作が続き、財政も火の車でござる。山川どののご意見も聞かねばなりますまい」

横山は容保に自重を求めた。

容保は目をとじた。

走馬灯のように会津の山河が浮かんだ。会津の領民たちは、この話をどう聞くであろう。皆に苦労をかけることになるのか。この夜、容保はなかなか寝つかれず、苦しげに何度も寝返りをうった。

要は幕府親藩として、会津はどうあらねばならぬか、という根本命題である。春嶽が言うように藩内に抗争がなく、卓越した武力を誇るのは、会津をおいて外にはないことは事実だった。

横山主税が容保の意向を春嶽に伝えたのは、それから数日後である。

「主君容保が申すには、将軍のご命令とあれば、何事にせよ、お受けするのが藩祖からの家訓であり、謹んで命も捧げようが、顧みるに自分は才もなく、病いがちで、この空前の大任に当たる自信はないと、申されておりまする」

「なんの」

春嶽は眉一つ動かさない。

「そのうえ、わが会津は奥羽に僻在《へきざい》しており、家臣はおおむね都の風習に暗く、なまじ大命と藩祖の遺訓を重んじ、浅才をかえりみず、大任に当たるとしても万一、過失があった場合、一身一家の過ちでは収まらず、累を宗家に及ぼすことになります。宗家に累を及ぼすことは、すなわち国家に累を及ぼすと同じで、万死これを償いがたい。願わくば主君の意、御諒察くだされたい」

と哀願したが、春嶽は一つ一つ、もっともといった表情で聞いたが、

「余の意志は固いと、肥後守どのにお伝えくだされ」

と柳に風の風情であった。

この時、春嶽は容保に書を送り、京都守護職を受けるよう迫った。

春嶽の書は、容保の胸を深くついた。


一翰啓上つかまつります。貴殿は、いかが過ごされておりますか。なにぶん御静養の上、一日も早く御登城下さるよう祈ります。

さて方今、京師の方からしきりに風説が相聞こえ、不穏の様子、ことに薩州屋敷は、いつ暴発するかもはかりがたく、慶喜殿はじめ一同、深く心を痛めております。

手紙は、このような書き出しで始まり、

すみやかな決断を求め、貴殿の御受け、遅滞に及べば、大君の御尊奉に関係いたし、容易ならざることになります。

右のところを御汲察下さるようお願い致します。

と、一日も早い就任を求めた。

迷いに迷った容保は、実父の義建に相談する。義建は、このころ病に臥せっており、その病気見舞いとして、高須藩邸に足を運んだ。義建は、

「名誉なことだ」

と晴れやかな顔で、容保を励ました。

知らせを受けた国家老の西郷頼母、田中土佐は、早駕籠を飛ばして江戸に駆けつけた。

頼母と土佐は、色をなして京都守護職を受けぬよう諌《いさ》めた。

「このところの情勢から見て、幕府の形勢は非、会津が、この至難の任に当たるのは、まるで薪を負って、火を救わんとするようなもの。労多くして、その功はございませぬ」

頼母の言葉は、正論ではあったが、すべては手遅れだった。

くわいず藩とはいずこか

家老の横山主税は京都情勢の探索のため、秋月悌次郎と広沢富次郎を京に向かわせ、続いて家老・田中土佐、公用方・野村左兵衛、小室金吾、外島機兵衛、柴太一郎、大庭《おおば》恭平《きょうへい》、柿沢《かきざわ》勇記《ゆうき》、宗像震太郎、平向熊吉らを京都に遣わした。

彼らが京都で見たものは、無頼の徒の横行である。いたるところに、西国の浪人たちがたむろし、藩の周旋方《しゅうせんかた》という名目で、宮家に出入りし、時事を論じていた。

初対面の人と会う時は、

「予はかくかくの脱藩人である」

とか、

「何年以前、幽閉されたことのあるものだ」

などと、それがあたかも無上の栄誉でもあるかのように公言し、なかには農商の子弟で、無頼のため郷里を追われたような者がゴロゴロしていた。金品を奪い、婦女子を犯すなど狼籍の限りをつくす者もいた。

そして鎖国といえば正義と考え、勤王家を重んじ、開港を説く者を俗論と決め付け、佐幕といえば卑しいとけなした。荒唐無稽の空論をまくしたて煽動《せんどう》し、はなはだしい場合は、彼らの空論がたった一日で、泡のように消えてしまうことさえあった。

暗に、朝権をぬすむといっても過言ではない。

会津藩の入京を聞いて、なかには会津藩がどこにあるかを知らず、宿舎の標札を見て、

「くわいず藩とは、いずこの大名か」

と聞く始末である。こんな連中が国事を論議するのだから、その内容もしれたものだった。

会津藩が京都守護職に選ばれた最大の理由は、いわずと知れた武力である。

将軍後見職、のちの十五代将軍慶喜が、そのことを、ずばり述べている。

大正四年（一九一五）に、徳川慶喜公伝編纂所が発刊した『昔夢会筆記　徳川慶喜公回想談』のなかに、次のようにある。

「浪人だの藩士だのが、大勢京都へ集まり、なかでも長州だとか薩州だとか、所司代の力で抑えることはできかねる。そこで守護職ができたのだ。その守護職のできた最初の起こりは、所司代の力が足りぬから兵力を増そう、兵力のある者をあすこへ置こうというのが、一番初めの起こりだ。それで肥後守が守護職となった」

必要があれば武力を行使してもかまわぬというものだった。

会津藩の軍制は、長沼流兵法によって編成され、兵士の数は総計で六千人を超えた。このなかから千人を選りすぐって、上洛させることを決め、文久二年（一八六二）十一月、続々会津を発ち、江戸に集結した。

江戸から軍艦で大坂に向かう案もあり、容保は賛成したが、家老たちがこぞって反対し、軍艦案は消えた。

第二章　舞台は京都

馬上の容保

文久二年（一八六二）十二月九日、容保とその家臣たち数百名は、江戸を出て京に出立した。途中、各地で歓迎を受け、二十四日巳の刻（午前九時）、京都に入った。

「會」の旗を先頭に、その堂々たる行列は、都の人々を驚かせた。京都町奉行・永井尚志《ながいなおゆき》が京都の市民に触れを出していたこともあり、沿道は黒山の人である。

馬上の容保を取り巻く儀従は一里も続き、しんがりは家老の横山主税である。その儀従も数十人、あたかも大名のようであった。

三条大橋の東には、永井と滝川播磨守《たきがわはりまのかみ》が出迎え、うやうやしく一礼した。

「出迎え、大儀であった」

容保は永井の労をねぎらい、本禅寺《ほんぜんじ》で旅装を礼服の狩衣に改め、関白近衛忠熙《このえただひろ》公の邸に出向いて挨拶した。

近衛は孝明天皇の信任が厚く、鎌倉時代から薩摩の島津家と縁戚関係にある宮廷内部の実力者である。急進的な攘夷倒幕論を嫌い、公武合体に同調していた。

「京都守護職、松平容保にございます」

「島津殿からそちの人となりは聞いておる。帝も乱れた治安の回復を願っておられる」

容保は平伏して、関白の言葉を聞いた。

関白邸の女官たちは、

「容保はん、絵に描いたような男前やなあー」

と、噂し合った。

「ただ今の急務は、海内《かいだい》の人心一和がなにより先決にござろう。その人心一和は、公武の合体であり、それが欠けては、どのような良識、施策があっても、実行することはかないませぬ。不肖容保、公武合体に命をかける所存にございます」

容保の挨拶に関白近衛公はいたく感激した。

こうして容保は宿館の東山山麓、金戒光明寺《こんかいこうみょう》に入った。

めぐりあう黒谷の地

悌次郎と富次郎は、京都の会津藩本陣として黒谷《くろだに》の金戒光明寺を選んでいた。左京区岡崎黒谷の地にある浄土宗の本山である。

五万坪の境内には、西翁院《さいおういん》はじめ四十余の塔頭《たっちゅう》があった。正面には欅《けやき》に鉄の鋲《びょう》を打った壮大な門があり、周りの石垣とあいまって、城郭の構えを見せていた。

西翁院の茶室からは、はるか眼下に淀川がみえた。

寺に入って容保ははじめて安堵した。

「殿、なかなかよき所にございます」

横山も満足そうにあたりを見た。

はるか前方に京の街が広がっている。ときおり肌を刺す風が境内を吹き抜けた。

藩兵たちの部屋割りで、境内は足の踏み場もない雑踏である。境内だけではとても収容できない。周辺の民家も借り上げた。

馬のいななき、会津弁の怒鳴り声がいたるところに響く。京都人も数多く動員され、荷物が整理されて行く。

竈《かまど》に火を入れ、炊事も始まった。

容保は御所の方角を見た。

直線距離にしてわずかに半里（約二キロ）、御所を守護するうえでこれほど便利な場所はない。

「あそこに帝がおわすのか」

容保は、じっと見つめ、胸に熱いものがこみ上げた。

人間の運命はわからない。東国会津の総師として、江戸を守るのが容保の職務であった。

それがいま京の都にいるのだ。

容保は、重大な使命を実感し、感激で胸が震えた。

先発隊が黒谷本陣を決断した背景には、もう一つの理由があった。ここには、二代将軍秀忠の御台所、江子の供養塔があった。

秀忠は会津藩祖・保科正之の父である。

「世の中は奇妙な巡りあわせになっている」

容保は深い感慨にとらわれた。

「横山、余はここに会津の墓地を求めるぞ」

容保が言った。

会津藩は、もはや引くに引けない崖っぷちに立たされたのだ。江戸ならばどうにでもなる。一旦緩急あれば、国もとから応援の精鋭も駆けつけてくれる。しかしここ京都は、あまりにも遠い。暴徒がはびこる無法の地であり、はたして会津の至誠がどこまで通じるのか。重臣たちの胸に一抹の不安があった。

しかし容保の墓という言葉で決断がついた。

「それはよきことにございます。墓があれば、私も老骨に鞭打って働くことができますぞ」

横山が賛成した。

京都守護職時代の松平容保（国立国会図書館蔵）

この日、黒谷は千客万来である。京都所司代牧野備前守《まきのびぜんのかみ》、伏見奉行林肥後守《ひごのかみ》、大番頭建部《たけべ》内匠頭《たくみのかみ》、大久保《おおくぼ》長《なが》門守《とのかみ》、松平若狭守、小栗《おぐり》長門守、奈良奉行山岡《やまおか》備前守らが相次いで訪れ、お祝いの言葉を述べた。

容保は笑みを浮かべ、これらの人々と応対した。

容保は何枚かの写真を残している。もっとも代表的なものが、京都守護職就任時の写真である。表情は柔和で、毅然としたなかにも微笑がある。鼻筋も通り、顔もふっくらしていて、健康そうである。そして何よりも若い。

その時、二十八歳である。

容保は翌日から行動を開始する。関白近衛殿下の館に、ふたたび足を運んだ。

京都には薩摩、長州、土佐の三藩が多くの兵を送っている。そこに会津が加わり、四藩がしのぎをけずることになる。近衛公は薩摩寄り、薩州関白と呼ぶ人もいる。

関白をまず会津に引き寄せねばならない。容保の最初の命題は開国をいかに認めさせるかだった。

この夜、容保は寝殿造りの大方丈で眠った。

夜中に眼を覚ました。さまざまなことが、脳裡を掠めた。養父のこと、無念の死を遂げた井伊大老、亡くなった妻敏姫も脳裡に浮かんだ。

敏姫は養父容敬の娘で、容保が二十一歳のときに結婚した。わずか十三歳、まだ少女であった。しかも虚弱で、悪いことに結婚後に痘瘡にかかった。回復が遅れ、床に臥すことが多く、前年十月、風邪をこじらせてにわかに逝去した。享年十八。薄幸な人生だった。

京都守護職を拝命すると、周囲から盛んに再婚の話がでた。候補に挙がったのは、加賀百万石前田家の息女礼《みち》姫である。

前田家と会津松平家は縁戚関係にあった。こうした関係で、容保の再婚話はトントン拍子に進んだ。

一部の史書はこの十月に婚約したと記しているが、『松平容保公伝』『会津藩庁記録』『京都守護職始末』『会津戊辰戦史』など会津の正史には、容保再婚の話はない。

おそらく礼姫との結婚は、京都守護職就任などさまざまな事情で、沙汰止みになったと見るのが正しいだろう。ただし、金戒光明寺に秘蔵される『黒谷日鑑』に、

「会津侯姫様よりお菓子を賜る」

「御前様会津侯奥方の病気御見舞」

などの記載がある。

『黒谷日鑑』は、ある時期から容保に奥方、あるいは身辺を世話する女性がいたことを伝えている。

たぐいまれな団結

金戒光明寺の境内は、野鳥が多い。カケス、モズ、カラス。鳴き声がけたたましく交錯し、朝から賑やかである。

サザンカ、ツバキ、イチョウ、マツ。樹木も多く、野鳥の絶好の棲処である。

容保の目覚めは早い。

障子をあけて寒気を吸い、御所に向かって礼拝する。いよいよ仕事だ。

金戒光明寺の大殿に会津藩重臣、陣将、隊長、組頭など主だった家来たちが集められた。その数ざっと百名。大広間は水を打ったような静けさである。

会津の武勇は、類まれな団結と秩序にある。藩兵たちは容保のため、国のため、命を投げ出す覚悟で来ている。

「皆の者、われわれはこの京都を死に場所と心に刻み、粉骨砕身努力せねばならぬ」

家老の横山主税が叫ぶと、

「おおー」

満座に鬨《とき》の声があがった。

ついで、先乗りの田中土佐が京都の現況を説明した。

「尊王攘夷《そんのうじょうい》を叫ぶ浮浪の輩が京都の街に跋扈《ばっこ》している。奴らは徒党を組んで、国憲を乱し、官吏を侮辱し、良民を脅迫し、治安を妨害している。謀殺、暗殺は日常茶飯事であり、あたかも無政府の状態である」

満座に緊張が走った。

「わが会津藩の使命は、この王城の都を守護するにある。とにかく暴徒がはびこり、ひどい状態である。不逞《ふてい》の輩は斬り捨てても構わぬ。夢々油断めさるな」

田中土佐の演説に迫力があった。

「殿、お言葉を」

横山が言った。

容保が顔を上げ、満座を見た。

「会津は幕府の親藩である。われわれの使命は幕命に沿い、帝を守護するにある。暴徒とはいえ相手も人間だ。話せばわかる。至誠こそが最後に勝利を得るのだ。横山、田中を助け、大役に当たってほしい」

容保は慎重に言葉を選んで、自らに言い聞かせるように述べた。

どの顔も大任を果たす喜びと、果たして期待に応えることが出来るかという不安が入り混じり、心境は複雑だった。

神に等しき天皇

文久三年（一八六三）正月二日、容保は初めて参内し、御所の紫宸殿《ししんでん》に近い小御所に案内された。上段の間に御簾《みす》が下がっている。ここに孝明天皇が御出座《おでまし》になるのだ。

会津松平家はもともと神道である。神即ち帝に対する畏敬の念で、容保の胸は高鳴った。

容保は昨夜、まんじりともせず考えた。孝明天皇の基本理念は攘夷である。

幕府が日米修好通商条約に調印し、孝明天皇に事後承認を求めたときは、激怒のあまり退位をほのめかしたほどでもある。

容保は開国を主張する幕府の代表である。天皇とは相容れぬ立場である。容保は今さらのように京都守護職の難しさを感じ、額に汗がにじんだ。

「肥後殿、帝でござるぞ」

取り次ぎの伝奏の言葉で、容保の緊張はその極みに達した。

「左近衛権中将、源容保にございます」

容保は官位を述べて、初めて安堵した。声をだしたことで緊張がとけたのである。

孝明天皇は、この東国の武将に好感を持った。年齢も近い。

孝明天皇、三十四歳。

松平容保、二十八歳。

ともに青年の情熱を持っている。

このとき、ありえないことが起こった。御簾の奥から天皇の声がした。

「朕より衣をつかわす」

容保は驚きのあまり、かたずを呑んで御簾を凝視した。かすかに人の動く気配がした。天皇が立ち去ったに違いない。

容保は慌ててひれ伏した。伝奏が緋の御衣を持参し、

「戦袍《せんぽう》か直垂《ひたたれ》に作り直すがよい、と帝が申された。これは異例のことにございますぞ」

と、手渡した。

容保にとって、すべてが信じられない出来事だった。胸のつかえがおり、天にも昇る心地がした。

しかし天皇の主張は攘夷である。容保の前途は厳しいものがあった。

会津の要・公用局

会津藩は、さまざまな事態に対処するために外交を司る公用局を設置、京都守護職としての進路を決めていた。もっとも重要な外交を担当したのが、公用方の藩士たちだった。

野村左兵衛を中心に秋月悌次郎、広沢富次郎、外島機兵衛、小森久太郎、小野権之丞、丹羽寛次郎、小室金吾らが情報の収集と分析に当たり、京都守護職の業務に反映させた。

広沢富次郎は手記『鞅掌録』で、これらの人々を紹介している。


小森久太郎は強毅で、事に堪え、おのれの所見を貫く。夜を徹して議論し、周りが眠ろうが独りでがんばり、自説を貫く。

丹羽寛次郎も強気の男で、好んで人のいい難いことをいう。藩公、家老といえども、はばかるところがない。

野村左兵衛は、温和で怜悧《れいり》である。人との応接もよく、内外の歓心を得ている。

小野権之丞、小室金吾は誠実忠良である。

大藪俊蔵、原政之進も長所があり、河原善左衛門《かわはらぜんざえもん》は条理をあげて事を論ずる。

秋月悌次郎は能弁多智、不肖私は幸運にも選ばれて末席にいる。

家老を補佐する大江仁五左衛門も真実であり、田淵房之進は気力にあふれている。伊東図書は純粋で君子の風があるが、惜しむらくは病弱である。

家老横山主税は、年齢六十歳余にして久しく江戸にあり、苦難を経験し、老成忠実、理を弁じ、上を重んじ、よい考えは採用する。実に一藩の柱石である。

田中土佐は気宇寛宏《きうかんこう》、士民に信望がある。二人は心を合わせてわが公を輔けている。

急務は暴徒の徹底的な摘発だった。

「犯人は操り人形だ。背後に悪辣な奴が潜んでいる」

「犯人を引っ捕らえて叩き斬れ」

いつもさまざまな議論が出た。

容保もしばしば顔を出し、じっと議論に耳を傾け、ときには意見を述べた。容保の意見はいつも誠実だった。

ある時、

「私に手がございます」

小森久太郎がいった。

すると、容保が、これをさえぎった。

「策を用いるべきではない。至誠をもって事に当たれば、おのずと人は従う。策は失敗のもとになる」

この純粋さに、藩士たちは感動する一方で前途に不安も覚えた。

この難局を乗り切る唯一の方法は、やはり将軍家茂の上洛しかない。

将軍と天皇は膝つきあわせて話し合えば、道が開けると、丹羽寛次郎と外島機兵衛が江戸に下り、幕府と談判したが、江戸の幕府首脳は、京都の事情に暗く、タカをくくって安閑としていた。

「尊王攘夷派の浪士どもは、憎むべき輩だが、同情の余地もある。父母妻子を捨てて死地に入り、実に水火も辞さぬ者どもである。必要があれば連れて参れ。余が直々に話を聞こう」

容保にこう言われると、誰もが反論できずに口を噤《つぐ》んだ。

「昼夜の別なく巡察をせよ」

容保の命令で、会津藩巡察隊が隊列を組んで市内を歩き、警戒に当たった。それだけで荒廃し、すさんだ京の街が明るくなった。

「やっと安心して眠れる」

関白の近衛忠熙も安堵し、容保にいっそうの信頼を寄せた。テロを怖れ、夜になると早々に店じまいしていた商店も夜の営業を再開した。

会津藩というと日新館教育が有名だが、兵法は古く、人は頑固という欠点もあるが、京都における公用局に限って言えば、自由闊達《かったつ》な雰囲気があり、家老横山主税を中心に、実によくまとまっていた。

公用人の多くは、ヒューマニズムを持ち合わせた人々であった。

長州の風当たり

会津藩に組織だって刃向かってきたのは長州藩だった。

長州藩は長井雅楽《ながいうた》の「航海遠略策」によって開国、公武合体論を主張した時期があった。しかしこれは幕府に与するものだと、吉田松陰の門下生たちが一斉に反発し、長井は姦物《かんぶつ》として断罪された。

彼らのよりどころは、孝明天皇だった。

朝廷と手を結び日本に混乱を巻き起こすことが討幕につながると考えた。彼らは京都で幕府派の人々を徹底的につけねらって暗殺した。京都守護職の会津に対する風当たりも強まる一方だった。

人斬り三人男も現れた。

土佐の岡田以蔵《いぞう》、薩摩の田中新兵衛《しんべえ》、肥後熊本の河上彦斎《かわかみげんさい》の三人である。

閏八月二十二日夜には、九条家の諸大夫宇郷玄蕃頭が同じように殺された。罪状を記し、暗殺を予告する張り紙もあった。名指しされた人物は恐怖に震えた。どんな人間でもテロは怖い。皆、おびえて暮らし、行方をくらます者もいた。

彼らは攘夷の先頭に立ち、文久二年（一八六二）の夏ごろから公然とテロ行為に走った。まず親幕府派の前関白・九条尚忠《くじょうひさただ》の執事、島田左近《しまださこん》が京都木屋二条下ルの妾宅で殺された。犯人は薩摩の田中新兵衛と志々目献吉《ししめけんきち》、鵜木孫兵衛《うのきまごべえ》らで張り込みを続けること一カ月、文久二年七月二十日の夜、島田が妾宅に入るところを見届けるや、抜刀して乱入した。

島田は湯上がり姿で、愛妾君香《きみか》と一杯飲んでいた。島田は、庭に飛び降り、必死に走ったが追いつかれ、一刀のもとに首を刎ねられた。

青竹に刺した島田の生首が鴨川筋の先斗町《ぽんと》の空き地に立てられた。ぶら下げた紙片には、

「この島田左近こと、大逆賊長野主膳へ同腹いたし、奸曲を相巧み、天地に容るべからざる大奸賊なり。よって天誅を加え梟首せしむる者なり」

と、達筆な字で書かれていた。

続いて目明かし文吉がこれ見よがしに絞め殺された。文吉は、はじめ博徒だったが、小才がきくので目明かしになった。

養女にもらった娘を芸者に出したところ売れっ子になり、その芸者に惚れたのが島田左近だった。

島田左近を血祭りにあげた浪士たちは、当然のごとく文吉に襲いかかり、三条河原で絞殺した。

九月一日朝、三条河原で発見された文吉の死体は丸裸で杭に縛られていた。

青竹にぶら下げられていた紙片には、

「右の者島田左近に随従いたし、その上島田所持致し候不正の金を預かり、過分の利息をあさり、右金子借用の者、決して返済に及ばず候」

と市民に訴える文面が書かれていた。

慶喜の返答

この時、容保は軽い病で休んでいたが、日一日と騒擾《そうじょう》がはげしくなってゆくのを見て一橋慶喜に書簡を送り、

「近来浮浪の兇暴が目に余るものがある。この責任は京都守護職たる容保の責任である。このような事態に陥ったのは、言路がふさがれているためである」

として意見をのべた。すると慶喜は、

「貴意ははなはだけっこうではあるが、浮浪の徒がこれに乗じて、むらがり来って、轟々と私見を主張するに至れば、その煩雑さには耐えられない」

と言って、受けつけようとしなかった。

容保がこれに反論すると、慶喜は、

「これ以上煩雑を加えるのは迷惑至極、ただし、貴方一人でおやりになって他に累を及ぼさないのならば御勝手にどうぞ」

と突き放した。

容保の考えは、甘いといえば甘かった。

それは公用局の面々にも言えることだった。

ええじゃないか

会津藩が京都守護職としてまずやらねばならないことは、治安の回復だった。

京都の騒乱は幕府政治を揺るがす問題であり、政事総裁職・松平春嶽、将軍後見職・一橋慶喜も上洛して、公武合体の実を挙げんとしていた。

そうした動きに、過激派は一層の揺さぶりをかけた。お手並み拝見とばかり、これ見よがしに犯行を重ねた。

「ええじゃないか、ええじゃないか」

と、群衆が踊り狂い、異国に頭を下げた幕府を弱腰だとあざけった。

この火中に身を投じた会津藩に、逃れる術はなく、重臣たちは憂いを深めた。

そのうちに、春嶽と慶喜は、職を辞して帰国するといい始めた。

なんということだ。

容保が二人の背信に愕然《がくぜん》とした。容保が幕府に疑義を抱いた最初の出来事だった。

容保は疲れた。京に来て一カ月あまり、げっそりとやつれた。

「おいたわしいことだ。わが殿に京都守護を命じた一橋公と春嶽殿は責任のがれをしておる」

横山は嘆いた。

奥方がいれば、このような時、容保を慰めることもできようが、それもできない。

横山はあれこれ女中を探させたが、容保にその気がない。どうしたものか。横山の苦悩は深まるばかりだった。

油断がならぬ主君

容保が大樹と仰ぐ一橋慶喜、のちの十五代将軍はすべての面で、現実的な政治家であった。

慶喜は水戸第九代藩主、徳川斉昭の第七子として天保《てんぽう》八年（一八三七）に生まれた。容保より二歳若い。母は有栖川宮《ありすがわのみや》の王女吉子《よしこ》、公卿の血も入っていた。

風貌は眉目秀麗《びもくしゅうれい》、文字どおりの貴公子で、その動作は果断即決、家康の再来という人もいたが、横山の見るところ、意志薄弱、君子豹変《くんしひょうへん》の気がある人物だった。

「油断がならぬ御方」

大きな声ではいえないが、横山は、そうした不安を抱いていた。

将軍後見職は、幕府が好んで作った職制ではない。幕府改革を叫ぶ朝廷と薩摩が後押ししてできた職制である。だから幕府老中の反発が強い。

幕府の実務を握っているのは、老中の板倉勝静《いたくらかつきよ》や小笠原長行《おがさわらながみち》である。その意向で、慶喜は右にも左にもゆれ、ついには帰ると言いだす。

「困った、困った」

横山は頭をかかえ、公用方の面々も、逃げる慶喜という大きな壁にぶつかった。

足利尊氏の首

文久三年（一八六三）二月二十二日には京都の西にある等持院《とうじいん》で事件が起こった。

等持院にある足利尊氏《あしかがたかうじ》以下三代将軍の木像の首を盗んで、三条大橋の下に曝した者がいるという。

近侍の浅羽忠之助《あさばちゅうのすけ》が青ざめた表情で、駆け込んだ。

「なんと」

容保は、心の底から怒りを覚え、寝床をとびだした。

足利尊氏は室町幕府の初代将軍である。はじめ鎌倉幕府に仕えたが、後醍醐《ごだいご》天皇の反幕計画に参加し、建武の中興の勲功者とされた。しかし後に光明《こうみょう》天皇（北朝）を擁して、後醍醐天皇（南朝）の楠木正成《くすのきまさしげ》軍を滅ぼした。

浪士たちは尊氏を逆賊と見なし、尊氏の首を徳川将軍になぞらえ、公然と幕府に挑んだのである。

木像の下には、それぞれ位牌《いはい》をかけ、そのかたわらに、板札が立ててあった。

逆賊

足利尊氏

同　義詮

同　義満

名分を正すべき今日にあたり、鎌倉以来の逆臣一々吟味をとげ、誅裁いたすべきところ三賊は巨魁たるによって、まずは醜像へ天誅を加うるものなり。

文久三年亥二月二十三日

とあった。

容保は断固、犯人の逮捕を命じた。ところが町奉行の与力たちは、

「これに加わった者はゆうに四、五百人はいる。これを捕らえようとすれば、騒ぎたて、混乱が起こる」

と動かない。

三条実美《さんじょうさねとみ》も逮捕の中止を求めて来た。

「横山、そのようなこと、聞くわけにはいかぬ」

容保は声を荒だてた。

この事件、意外などんでん返しとなる。公用局の大庭恭平が、かんでいたのである。大庭はかねて浮浪の徒に入り込み、情報の収集にあたっていた。その集団が足利公の木像を盗み出したのだった。

容保の辛抱も、限界に来ていた。会津藩兵が、武力で鎮圧はできないが、法を犯す者を厳しく処罰することは、法治国家の定めである。

容保にとってこの事件は現実を直視する好機となった。

第二章　会津から見た新選組

異様な集団

文久三年（一八六三）二月二十三日、後に新選組と呼ばれる浪士の一行が京都に着いた。

幕府の差し金による応援部隊である。

公用人の広沢富次郎が担当を命ぜられ、一行を出迎えた。

長刀を差し、髪を伸ばした異様な風体《ふうてい》の集団だった。人は恐ろしげに彼らを見つめた。

京都では壬生《みぶ》村に分宿した。

近藤勇《こんどういさみ》ら試衛館道場組と水戸脱藩の芹沢鴨《せりざわかも》は八木源之丞《やぎげんのじょう》宅に泊まった。

その他は前川荘司《まえかわしょうじ》の屋敷などに分宿した。

なぜ壬生村が選ばれたのかというと、前川本家は京都では屈指の豪商で、御所および京都所司代の公金の出納を担当し、町奉行の資金運用も一手に任されていたからである。

サクラが咲きほこる京の春も今年ばかりは殺風景だった。

ところが浪士組のリーダー清河八郎《きよかわはちろう》が独自の行動にでた。

新徳寺《しんとくじ》に皆を集めた清河は、

「浪士組上京の目的は、尊王攘夷のために働くものである」

と演説した。

幕府の狙いは過激なテロリスト対策である。

京都守護職のもとにはりつけ、テロリストを斬りまくるという算段である。

知らせを受けた板倉は激怒、清河は江戸に戻され、旗本佐々木只三郎《ささきただざぶろう》に斬殺される。

松平肥後守預り

会津藩の公式文書に新選組が出てくるのは、文久三年（一八六三）三月下旬の「密事往復留」（『会津藩庁記録一』）からである。当時はまだ浪士組である。

「浪士頭取鵜殿鳩翁（甚左衛門）殿より、京都に滞在を希望する者は、会津家家中へ引き渡すので、同家の差配に従うことと、申し出があった」

と京都詰めの重臣・田中土佐、横山主税から会津本庁の萱野権兵衛、西郷頼母、神保内蔵助、山崎小助、一瀬勘兵衛、西郷文吾宛てに文書が送られていた。

差配とは、采配を意味する。

文書にはその名前も記載されていた。

江戸浪士の内、残り候人別

芹沢鴨、新見錦、近藤勇、根岸友山、山南啓助、佐伯又三郎、土方歳蔵、沖田宗司、井上源三郎、平山五郎、野口健次、平間重助、永倉新八、斎藤一、原田左之助、堂藤平助、家里次郎、遠藤丈庵、殿内義雄

の十九人である。ただし総計では二十人と記載されているが、名前が一人欠落している。

ほかに粕屋新五郎《かすやしんごろう》、上城順之助《かみしろじゅんのすけ》、鈴木長蔵《すずきちょうぞう》、阿比類栄三郎《あびるえいさぶろう》の四人が、病気に付き不参加と記載されていた。字は当て字が多く、山南敬助《やまなみけいすけ》、土方歳三《ひじかたとしぞう》、沖田総司《おきたそうじ》、野口健司《のぐちけんじ》の字も一部違っていた。堂藤平助は藤堂である。

幹部の話し合いによって役員も決められた。

局長は芹沢鴨、近藤勇、新見錦《にいみにしき》の三人。土方と山南は副長、沖田、永倉、原田、藤堂、井上らは助勤である。局長筆頭は当初、芹沢だった。水戸藩郷士という肩書が物をいった。

日々、テロリストに悩まされていた容保は、いかにも強そうな彼らを見て、援軍来ると大いに安堵した。

相手がテロリストであっても、これと斬り合うことには京都守護職会津藩という体面上の制約があった。

容保と新選組

早速、容保の前で上覧試合が行われた。四月十六日のことである。場所は黒谷の会津藩本陣、当日の組み合わせは次のようなものだった。

一、土方歳三―藤堂平助
二、永倉新八―斎藤一
三、平山五郎―佐伯又三郎
四、山南敬助―沖田総司

この試合、どういう勝負だったのかは分からないが、容保を満足させる激しい戦いであったことは間違いない。

浪士組の剣士といえば、土方や沖田が有名だが、八木家の為三郎の言い伝えだと、組中で一、二の使い手は、永倉新八《ながくらしんぱち》と斎藤一《さいとうはじめ》だったという。とすれば二人の対決は手に汗握るものであったろう。

容保は大満足で試合に見入り、試合の後、酒を振る舞い慰労した。

斎藤一は、最後まで会津藩と一緒に戦い、戦後、会津の女性と結婚、生涯を会津のために尽くした。この日の感動が斎藤一をそうさせたのかも知れなかった。

このため斎藤一を会津人とする論考もあるが、江戸の人間で、十代の終わりの頃、旗本を斬り、京都に逃れた男だった。ただし、上洛以前に試衛館にかかわりがあったともいわれ、浪士組の中核メンバーに加えられていた。

長州藩がひそかに浪士組に送り込んだ御倉伊勢武《みくらいせたけ》、荒木田左馬之助《あらきださまのすけ》ら四人を粛清したとき、刺客に選ばれ、御倉を始末している。

浪士組は、松平容保の庇護のもと、京都市中警備の有力組織として、台頭してゆく。しかしこの時期、活動資金は皆無に近い。手当は一人月三両で、今日の貨幣価値で約十五万円、ぎりぎりの給料だった。

そこで芹沢が資金獲得に動いた。

襲われた平野屋

浪士組は雑魚寝《ざこね》同然の宿舎なので、気が休まる暇がない。外出が何よりの気晴らしだった。

サクラが散ってツツジが咲き、フジやボタンが咲き乱れる。やがてアヤメ、カキツバタ、ハナショウブの季節を迎える。太陽が頭上にのぼり、初夏である。

「それにしても同志はいまだ綿入れを着ている。夏物が必要だ。大坂の平野屋から借りよう」

と芹沢が提案し、芹沢、近藤、新見、土方ら幹部が大坂に下って、平野屋に借金を申し入れた。

番頭が小使い銭をつつんで、追い返そうとしたとき、芹沢が怒鳴った。

「無礼千万ッ」

今にも抜刀して斬りかかる仕草である。

平野屋は驚いて百両を包んだ。

以後、浪士組は金を借りまくる。

幕府も悪い。京都に呼んでおいて、会津藩に預けたまま手当を出さない。

今度は大坂の鴻池善右衛門に談じこみ、金二百両の借金を申し付けた。二百両を手に入れ、京都の大丸呉服店で、だんだら模様の羽織をはじめ紋付や袴を注文した。

これを聞いた会津藩は驚いた。

会津藩が鴻池に二百両を返済し、さらに甲冑《かっちゅう》、槍などを与えた。しかし会津藩も財政難である。

現実問題として浪士組は独自で金を集めるしかない。

大坂の商家からどんどん借り入れた。

宴会も派手だった。土方はどこに行ってももてまくった。

隊員も増え、四月の時点で三十数人になった。

ただ近藤、土方と芹沢の間に亀裂が入り、お互いに反目が始まった。

土方はどこまでも幕府と会津藩のために尽くすとしたのに対し、芹沢は朝廷に尽くすとして譲らない。加えて芹沢は浪士組筆頭の肩書を持っている。数の上では近藤、土方組の方が多い。両雄並び立たず、いずれ内乱が起こることは避けられない雲行きだった。

この対立、まだ外部には漏れておらず、浪士組の名は日を追って高まる一方である。市中の巡回や幕府要人の警護、不逞浪士の取締り、揃いの制服とあって、とにかく目立つ。全員が長刀をおび、周囲を威圧した。

第四章　京都大激闘

二百二十九年ぶりの将軍上洛

文久三年（一八六三）三月四日、将軍家茂に、老中水野忠精《みずのただきよ》、板倉勝静らが供奉し、三千人を率いて上洛した。将軍としては二百二十九年ぶりの上洛であった。

天皇と将軍とが直接談話して、国是は開国であると天皇が認めることが必要だと容保は考えた。家茂の妻は孝明天皇の妹君、和宮《かずのみや》である。二人は義兄弟ではないか。双方が心置きなく話し合えば、問題は氷解すると幕閣も容保もそう信じた。

しかし、結果は最悪だった。

天皇の攘夷の意志は全く変わらなかった。

「開国など朕は認めぬ」

誰がどう言おうが、聞く耳持たずだった。

そこに尊王攘夷を唱える公家や長州のテロリストが群がり、テロ行為を続け神国日本に夷狄《いてき》を入れてはならぬと、幕府に刃向かった。

かたや家茂は天皇を説得する政治力を持ち合わせていなかった。

形骸化した将軍の限界だった。

本来、将軍は日本国のリーダーであらねばならなかった。徳川家康を除いて、誰一人、この日本国を統率する人材は現れなかったと言っても過言ではなかった。

幕藩体制も限界に来ていた。

家茂は孝明天皇に一方的に言い負かされ、重大な約束をさせられた。攘夷を祈願する加茂の行幸である。残された道は逃れることしかないと、家茂は仮病を使って姿を隠した。幕府の無様な姿に容保は失望した。

容保の悲劇はここにあった。

長州と会津の全面戦争

京都守護職は、京都における幕府の名代であると同時に、皇室を守るという責任があった。二律《にりつ》背反《はいはん》、矛盾に満ちた職務であった。

これには会津藩の力では到底及ばない、複雑で奇々怪々な問題が内在していた。

加えて容保は病弱だった。この時期、寝込む日が多く、家臣たちの苦労も並大抵ではなかった。

この将軍上洛で得をしたのは長州藩だった。長州のテロ行為はますます激化する。

かくなる上は、テロリストの摘発に全力を挙げるしかないと容保は決断した。

長州と会津の全面戦争の始まりである。

長州藩の狂気は際立っていた。

本気で攘夷を実行に移した。

文久三年（一八六三）五月十日、長州藩は下関《しものせき》海峡を通過する米国の商船ペムブローク号に砲撃を加えた。このとき小倉藩《こくら》は無謀な行動だとして傍観した。長州藩過激派はこれに憤激し、小倉藩に抗議、高杉晋作率いる奇兵隊が小倉藩領の田ノ浦を占拠、ここに砲台を築いた。

朝廷は長州藩の行為をたたえ、諸藩に傍観を戒める沙汰を伝えた。

容保は兄の尾張藩主・徳川慶勝《よしかつ》と謀って、

「幕府が攘夷の勅を奉じたといっても戦端を開いたわけではない」

と小倉藩を弁護した。

米国が長州藩の暴挙に抗議し、高額な賠償金を幕府に求めることは火を見るより明らかだった。

慶喜は責任を回避し、江戸に逃げまわるばかりだった。兄の徳川慶勝も無言に転じ、一人容保はこうした重要問題に対処しなければならなかった。

この機会に容保を解任し、江戸に戻す動きも起こり、容保に東帰を命じる勅命が伝えられた。これも長州の陰謀だった。

容保は驚き、勅書の撤回を伝奏衆に求めた。

このことが孝明天皇の耳に入り、

「朕の真意にあらず」

と御宸翰を寄せた。

天皇は長州派の公家に牛耳られ、孤立状態に陥っていた。

容保はこの年の七月三十日、建春門前で天覧軍事パレード「馬揃《うまぞろえ》」を披露、会津藩の軍事力を披露し、孝明天皇に安堵感を与えた。

孝明天皇は大和錦二巻、白銀二百枚を容保に賜り、会津藩は大いに面目を施した。

続いて八月二日にも馬揃を催した。容保は、孝明帝から賜った大和錦の戦袍を着て指揮した。

この日、孝明天皇は御車寄せの下まで容保を召され、親しく言葉をかけられたのである。孝明天皇は、容保に信頼を寄せ、長州の過激派に不信感を募らせる。

天皇はどちらかといえば神経質で、何かと不安におびえるタイプの人物だった。最大の関心事は外国船の来航だった。

弘化三年（一八四六）閏五月、アメリカ東インド艦隊の司令長官ビッドルが、日本との通商を求めて浦賀沖に来航したのを手始めに、琉球などに頻繁に諸外国の軍艦がやってきた。

日本は神国と信じて疑わない孝明天皇である。幕府は世界の流れからいって開国は避けがたい、その際、挙国一致で開国に踏み切りたいと考えた。

近代史研究家、家近良樹《いえちかよしき》氏は『幕末の朝廷』で、「天皇は、幕府に対しても、朝廷内の人物に対しても、ひと一倍気を遣う性格の持ち主であった。（中略）勅許を与えれば、天皇（朝廷）にも重大な責任を負わされることになった。（中略）日本全土が内乱状態になるのではないかとの思いが天皇のなかに燃えあがり、どうにもこうにも結論をくだせなかった」と解説した。

自分の代で鎖国から開国に変えることは先代の方々に対する不孝と考えたというのだった。慶喜に言わせれば、野蛮な禽獣を日本に上陸させてはならないの一点張りのお方だったと、ばっさり切り捨てたが、どうもそうではなかった。性格的に決められないお方であった。その天皇を守護するのが容保の役目である。至難の業務といってよかった。

逡巡許さぬ薩摩・会津同盟

このとき会津藩に意外な話が飛び込んだ。

「御免」

秋月悌次郎や広沢富次郎らが住む宿舎に来客があった。柴太一郎が出てみると、一人の侍が立っている。太一郎は『ある明治人の記録　会津人柴五郎の遺書』（中公新書）で知られる柴五郎の兄である。

「秋月先生にお会いしたい」

と、薩摩藩高崎佐太郎《たかさきさたろう》の名刺を出した。

刺客かも知れぬ。富次郎も玄関に出た。

「私は、重野安繹《しげのやすつぐ》先生の弟子にござる」

高崎は、そういった。

「なに」

悌次郎が腰をあげた。重野安繹は、江戸昌平黌時代の親友である。

悌次郎が玄関に出た。

高崎は年の頃二十四、五歳。目もとの涼しい好青年である。

「折り入って、秋月先生と二人だけで、話をしたい」

高崎は、そういう。

なにか、わけがありそうだ。

「まあ、どうぞ」

悌次郎は高崎を招き入れた。

「ここにおるのは皆、同僚である。たとえ私が一人で貴殿の説を聞いても、後に必ず告げることになる。それゆえ、皆と貴殿の話をうけたまわりたい」

「それは出来申さぬ。秋月先生お一人と、話したい」

高崎は下がらない。

「わかった。皆、席をはずしてくれ」

悌次郎と高崎は、正面から向かい合う。

「私は重野先生から、お聞きして参りました。重大なお話でごわす」

高崎は、あくまで堂々としている。

高崎の話は、昨今の勅許はみな偽勅である。会津と薩摩が手を結び、長州の過激派とそれをとりまく公卿たちを一掃したい、との申し入れであった。イギリス軍艦の威力を知り、もはや攘夷はかなわぬ、ともいった。

「ううむ」

悌次郎は、うなった。

「貴殿の話、わが主君に伝えよう。会津藩は、京に来てまだ日も浅く、宮殿は雲深くして、窺い知ることができない。貴殿は摂家に縁戚もあり、上京も早く、すべてに熟知されておる。以後、ご指導のほどを。ところで、この話、貴君のご意見か」

「いや、薩摩藩の総意でござる」

「それでは明日、当方のお返事を申し上げる」

「何分、よろしく」

高崎は一礼して去った。

悌次郎は黒谷へ走った。

悌次郎の報告を聞いて、容保と横山は顔を紅潮させた。

このままでは、京都守護職の使命をまっとうできない。そこに降ってわいた朗報である。

幸い会津藩は藩兵の交代期で、新たに神保内蔵助、長坂平太夫らに率いられた千の兵が上京し、都合二千の兵力になる。

薩摩と手を組めば、長州を破ることができる。要は、いかにして御所を固め、倒幕をあおる公卿たちを追放するかである。

容保は、このところ二回にわたって行なった、会津藩兵の馬揃をおもい浮かべた。

この馬揃、過激派の公卿たちが、不意をついて会津を狼狽させようとしたのだが、逆に会津強しの印象を与え、孝明天皇の信頼を高める結果になった。

薩摩はこれを見て、長州を切り捨て、会津と提携する策にでたのである。長州主導に危機感をいだいたのだ。

容保の体を、熱い血が走った。

もはや逡巡《しゅんじゅん》は、許されない。

容保は全藩兵に、出動の準備を命じた。薩摩は姉小路公知《あねがこうじきんとも》暗殺の疑いを受け、御所の警備をはずされている。それは長州が仕掛けたワナだったので、薩摩の士気も高い。

「殿ッ、会津士魂を、天下に示す時がまいりましたぞ」

横山主税が涙ぐんだ。

中川宮《なかがわのみや》も同意した。

いよいよ宮門クーデターである。

薩摩の西郷

薩摩の最高指導者は、西郷隆盛である。

当時は吉之助《きちのすけ》で通っていたが、大河ドラマも隆盛である。

西郷が京都に姿を見せたのは、元治元年（一八六四）三月である。

西郷は、京都のいざこざは長州と会津の私戦と受けとめ、中立的立場を守るとの名目のもと、傍観を決めこんだ。

なにせ、朝廷内部は長州派が多い。

文久三年（一八六三）六月二十七日、対長州問題に関わる朝議が開かれた。この朝、議奏の正親《おおぎ》町三条実愛《まちさんじょうさねなる》から長州藩主父子の上洛と、朝敵処分の解除を求める意見が出され、朝議はこれに決定した。この決定に対し、一橋慶喜が参内して抗議した。慶喜は、

「兵器を携え来り、朝廷に相迫り候儀、臣の分を越え、甚だ以て不敵な振る舞い」

と強く批判し、長州藩兵の京都からの退去を命じるべきだと主張した。そして、自分たちの要求が採用されない場合は、

「一会桑三者は揃って辞職するほかない」

と脅した。

このため朝廷の上層部は混乱に陥り、内大臣の近衛忠房が西郷を呼び出し、意見を聞いた。

「非は長州にある」

西郷は慶喜の肩を持った。

かくて過激な輩を御所から追い出す強硬手段がとられた。

筋書きは、夜中に中川宮が参内し、孝明天皇に、過激派から離れるよう決断を迫る。同時に会津、薩摩藩兵が御所の九門を固め、市中も厳重に警戒する。そして過激派の公卿や、浪士たちを指名手配し、過激派が握る国事御用掛、国事参政、国事寄人などの制度を廃止する。国事は一橋慶喜と政府老中が上洛し、その任に当たる、というものだった。

孝明天皇をいかに説得するか。鍵は、そこにあった。

天皇の決断、長州追放

八月十七日深夜、薩摩藩兵に守られて中川宮が参内し、孝明天皇に長州の非をとなえ、三条実美らを遠ざけるように説得を始めた。

この頃、武装した会津藩兵と京都所司代の藩兵が御所を固め、米沢《よねざわ》、備前、阿波《あわ》、因州《いんしゅう》などの藩兵も召集されて、宮門に配備された。

長州は、このことを知らない。

翌十八日、朝の太陽が兵士を照らし、人々は何が起こったかを、遠巻きに見つめた。

孝明天皇が説得に応じ、長州勢の追放が決せられた。

異変に気づいた長州勢が続々集まり、関白鷹司《たかつかさ》邸に陣取った。大砲四門を並べ、千人近い兵が、会津、薩摩藩兵と対峙《たいじ》した。

こちらは大砲六門、一触即発である。

長州派の関白鷹司公が、顔をひきつらせて参内し、

「長州に三万の兵がある」

と威嚇した。これを聞いた殿上人《てんじょうびと》は驚きのあまり、顔色を変え、容保に、

「会津の兵はいくばくか」

としきりに問いかける。

容保は、

「精鋭二千人を在京させている。めったなことで敗れることはない」

と答えたが、公卿たちは、

「二千と三万では勝負にならない」

と私語し合い、孝明天皇も顔面蒼白、御所は悲壮な空気に包まれた。

薩摩藩大砲隊は、砲撃の許可を求め、即開戦の態勢である。これをみた長州勢は激昂し、戦端を開かんとした時、長州藩家老・益田《ますだ》右衛門介《うえもんのすけ》が、

「帰国して攘夷の先鋒となる」

と一書を残して兵を引いた。

七卿の都落ち

三条実美は京都に留まり、義兵をあげると説いたが、長州に帰って再挙をはかるとする益田の主張で、翌日、三条実美はじめ三条西季知《さんじょうにしすえとも》、沢宣嘉《さわのぶよし》、東久世通禧《ひがしくぜみちとみ》、四条隆謌《しじょうたかうた》、錦小路頼徳《にしきこうじよりのり》、壬生基《みぶもと》

修《なが》の七卿が都落ちした。

降りしきる雨のなか、蓑笠、草履に身を包んだ哀れな姿であった。七人は官位も剥奪《はくだつ》され、長州藩兵には全員撤去の朝命が下った。

七卿の奥方、姫君、公達が皆落ち支度をし、風呂敷きの様なものを背負い、手に手をとり、またちん狗《いぬ》を抱く者などもいて、泣く泣く都を去って行く。高貴な奥方が裸足で通る有様は昔の『平家物語』を見ているようで、哀れであった。

幕府は、この政変を聞くと、家老の田中土佐を江戸に召し、容保の労をなぐさめ、筑前国貞行の太刀と備前国長船の小刀を賜り、在京の家臣たちを褒賞した。

孝明天皇は二十六日、在京の諸侯を召し、親しく勅命を伝えた。

「これまで勅命には、不分明の儀があったが、去る十八日以来の勅命は、真実に朕のものである」

従来の勅命は、朕のものにあらずと、否定したのである。そして容保に、御宸翰と御製の歌を賜った。

容保は感泣し、流れる涙をふこうともせず、正襟端座、御宸翰に見入った。

堂上《どうしょう》以下、暴論をつらね不正の処置増長につき、痛心にたえ難く、内命を下せしところ、すみやかに領掌し、憂患掃攘《ゆうかんそうじょう》、朕の存念貫徹の段、まったくその方の忠誠にて、深

く感悦のあまり、右一箱これを遣わすものなり

文久三年十月九日

箱には次の歌が入っていた。

たやすからざる世に武士《もののふ》の忠誠の
心をよろこびてよめる
和《やわ》らくも武《たけ》き心も相生《あいおい》の
松の落葉のあらす栄えん
武士《もののふ》と心あはしていはほをも
貫きてまし世々《よよ》の思ひ出

容保は、ついに天皇の信頼を得たのである。会津が宮門を収めたのだ。

黒谷では連夜、祝宴が催され、人々は勝利の美酒に酔いしれた。

横山は感極まって言葉もない。

「あとは天下の万機、すべて幕府にご委任され、公卿堂上は、禁中の式事をもっぱらとすることが

肝要、帝は国事にかかわらぬ方が皇国のためかと存じます」

今回の立て役者、秋月悌次郎がいった。

幕府は権威を回復し、朝廷は従前の心おだやかな暮らしに戻った。天皇のためにも、それがいい、それでいいのだ。容保も盃を重ねた。

会津藩はこの時期、千本屋敷のあたりに京都御用屋敷を築営、聖護院《しょうごいん》村に三万七千坪の敷地を得て練兵場と宿舎をつくり、着々と京都の体制を固めた。

元治元年（一八六四）正月、都にしばしの平和がよみがえった。

将軍家茂の上洛が決まり、四日には容保が参内して、孝明天皇に新春のお祝いを述べた。孝明天皇もすこぶるご機嫌がよかった。

利用される容保の病

この大事な時期に容保は病に臥した。

風邪を引きやすい体なので、十分に気をつけていたが、体力がないため、寒気がくると、たちまち風邪を引いてしまう。

宿舎を黒谷から御所の浄華院に替え、自ら天皇の守護に当たっているので、その気苦労のせいもあった。

会津藩の医師、土屋一庵《つちやいちあん》と東条玄硯が治療に当たったが、頭、背中に痛みがあり、夜は、うんうん、うなされるほどである。

くずの根とカラスビシャクを原料とした葛根加半夏湯《かっこんかはんげとう》を調合して飲んだところ、大分、熱も下がり、駆け付けた横山も、ほっと胸をなで下ろした。

ところが今度は口のなかがただれ、頭痛、肩、背中が痛み、うっとうしく、気分もすぐれない。痰《たん》もでる。医師団は痰を除く去痰丸を差し上げ、治療につとめた。

広沢富次郎の記録『盤錯録《ばんせきろく》』に、元治元年（一八六四）一月から五月までの容保の病状の記録がある。


一月十七日、将軍大納戸役、野田下総守をして容保の病を問わしめ、菓子を賜う。

二月十一日、将軍小納戸役、溝口美作守をして病を問わしめ、仙徳火鉢一対、籠鴨三羽を賜う。

二月二十九日、将軍小納戸役、須田淡路守をして病を問わしめ、八丈縞《しま》三反、籠魚数種を賜い侍医をして診視せしむ。

三月四日、将軍侍医をして、病を問わしむ。

三月五日、関白より典医高科丹後守をして、容保の病を問わしむ。

三月六日、将軍小納戸本目権兵衛をして、病を問わしめ杉重一組を賜う。

四月十五日、将軍小納戸頭木村紀伊守をして、病を問わしめ、手書及び金蒔絵机一脚、煮染一壺を賜う。

四月十七日、将軍侍医をして、病を問わしむ。


容保の病は、悪くなるばかりだ。

四月二十五日付の記録には、次のようにある。


四月二十日、三日前より頭痛、腹痛の苦痛が続いている。しかし、ご気分はよく、夜中に汗をかかれた。食事は雑炊、お粥で、三度で二百六十匁、その間、大三度、小一度のお通じがあった。

四月二十二日、腹部が張られたが、徐々になおられ、熱もなくなった。しかし脚が痛く、起きたり歩かれたりすることは、難渋されている。臥されているため、脚が弱くなっている。

四月二十三日、昨日の通りで、特に変わったことはないが、両脚の屈伸が、よほど楽になられた。お薬は大柴胡湯《だいさいことう》、大黄《だいおう》などを差し上げた。

さらに五月二十八日の報告には、右脇腹、心臓の下部、胸の苦しみを訴え、不眠症に悩まされているとあった。

医師団は不眠不休で看病を続け、風邪や去痰に効く「葛根加半夏湯」、解熱、鎮痛剤「石羔湯」、胃炎、胃潰瘍、喀血《かっけつ》、吐血を抑える「三貴」、肝炎、胆石、胆嚢《たんのう》炎の薬「大柴胡湯」、頭痛、嘔吐を抑える「呉茱萸湯《ごしゅゆとう》」「灼薬甘草湯《しゃくやくかんぞうとう》」など実に多くの薬を使い、懸命の治療に当たっていた。

会津藩にとって、主君の病は重大であった。

「ここは帰国しかあるまい」

横山主税は帰国を決断し、神保内蔵助とともに再三、将軍後見職、一橋慶喜に訴えた。

「ならぬ」

慶喜の答えはいつも同じだった。

それどころか一橋慶喜、松平春嶽、山内容堂、伊達宗城、島津久光、松平容保の六人を朝議にあずかる参与会議をつくるという。

冗談じゃない。

容保の病状は、はかばかしくなく、会議に出席はできない。この際、それは問わない、名前だけでいい、というのだ。

武力を持つ会津が入っていることに意味がある。

参与会議の焦点は、長州の処分と横浜鎖港である。長州の処分は全員一致、藩の代表者を召喚、糾問、七卿と首謀者を差し出させることで決まったが、鎖港は二つに割れる。

越前、土佐、薩摩、宇和島の四藩が攘夷の国是をやめ、開国への転換を主張したのに対し、なんと慶喜が攘夷を主張した。

「なにを血迷われたのだ」

春嶽は唖然としたが、慶喜は、

「もともと余が開国といったのに、そちたちが帝に攘夷を約束したではないか。いったん決めたことを、ころころ変えるわけには行かぬ」

と、意地になった。

孝明天皇は、慶喜の変節を喜んだ。

慶喜は逆手をとって、参与会議をぶちこわした。島津も伊達も山内も、嫌気がさして帰国する。

慶喜のねらいは、ここにあった。

慶喜はとことん会津を利用する。

軍事総裁職に容保を任じるという。

長州征伐を会津にさせようという魂胆である。

「これ以上、長州と敵対するのは得策ではござらぬ。主君は病床にござる」

横山は断固、断ったが、帰国はかなわない。会津藩はいつも帰国のチャンスを失った。

会津藩は、泥沼の京都に釘付けのままである。

会津が右よりに転じた理由

この頃、横山の意向とは反対に会津藩公用局は右よりに転じる。

その中心人物は、江戸留守居役から転じた手代木直右衛門である。実弟は、小太刀をとったら日本一と評判の高い佐々木只三郎である。

老中板倉勝静の命で、清河八郎を一刀のもとに斬り伏せている。

直右衛門は決して若くはない。四十である。幕府内部に人脈があり、弁舌流暢、態度荘重、見るからに重臣の風格がある。

直右衛門は、

「維新変革の発端は有志と称する当時諸藩脱走の徒及び全く繫属する処なき浪人らが唱えたる矯《きょう》激《げき》なる議論に過ぎない」(『手代木直右衛門伝』)

とし、対決姿勢を強く打ち出した。

話し合えばわかるという時代は、とうに終っている。リーダーが鉄の意志をもって事に当たらなければ、何の意味も持たない。

直右衛門は、そう主張した。

それにしては、この時期に起こった幕閣の一人小笠原長行の挙兵が、腰砕けになったのは心外だった。

小笠原は、軍制改革で誕生した幕府の歩兵と騎兵千五百を率いて京都制圧にのりだした。

これに会津が加われば、完全に京都を制圧できると直右衛門は考えた。慶喜もこれに賛同した。

慶喜は小笠原と一緒に上京するはずだったが、孝明天皇が激怒したと聞いて途中から逃げてしまった。

慶喜も慶喜だが、公家衆から止められたくらいで、入京をあきらめた小笠原も腰抜けだった。直右衛門の怒りはつのる一方だった。

手代木の伝記

私は最近、『手代木直右衛門伝』を読む機会があった。一般には公開されていない貴重本である。

手代木は当時の情勢について、将軍家に随行せる閣老は天下の大勢に暗く、また京都の事情を知らない。唯失墜せる幕府の威権を快復するのに急で、一橋公以下朝政参与となり専ら国政を執ろうとし、外国の処分、長州の処分等の実際問題を議論するが、議論百出、一も決定する所なく、紛雑するばかりで公武御合体の実は少しも挙がっていないと厳しく見ていた。

この時期から公用局の空気も変わった。ハト派からタカ派への転換である。

容保は長い病で、指導力を失い、柱石である横山主税もまた老齢のため心身が衰弱、悌次郎をかばえなくなっていた。

政策の立案は、直右衛門に移った。直右衛門は容保に養子を迎え、若君を中心に京都守護に当たるという、おもい切った策を打ちだす。

容保は正室を亡くして以来、独身を保ち、子はいない。後継者の有力候補は慶喜の弟余八麿だったが、後日、余九麿に変わる。

慶喜の弟ならば、悪くはない。慶喜はいずれ将軍になる。実弟が会津に入れば、将軍家と会津は文字どおり一心同体になる。

会津の生きる道は、もはやこれしかない。

直右衛門は、大きな賭けにでた。

その頃、幕府重臣の中には、容保を京都方と呼び、うさん臭く眺める手合いもいた。

容保の実像は強力な個性の人物ではなく、病がちの気真面目な一人の大名だった。

この頃、容保が幕府の軍事総裁職に回り、京都守護職を辞し、後任には松平春嶽が命ぜられたことがある。長州征伐を考えた人事である。

これ以上、長州とことを構えたくはない。

長州との確執が抜き差しならない事態に陥るからだ。

幸い孝明天皇がこれに驚き、復職を迫る異例なことが起こった。

極秘の御宸翰

伝奏衆の野宮定功《ののみやさだいさ》が容保の宿に来て一封の書を渡し、

「帝は守護職にとどまるよう、仰せられた」

と内密の御宸翰を賜った。

孝明天皇は、かねて側近の公卿たちのやり方をよしとせず、宮廷の大改革を望んでおられた。帝の意向を無視して偽勅が出され、帝が独り歩きしていることに、深い憂慮を示されたのである。

帝の意志が、直接伝わるよう改革をせよ、というお言葉に、容保は身をふるわせるばかりであった。

容保が病に臥している間、京都の政治は、慶喜の独擅場である。禁裏御守衛総督《きんりごしゅえい》、摂海防禦指揮《せっかいぼうぎょしき》に任命されて、得意満面だった。そこに落とし穴があった。長州勢の影が、京都に迫っていたのである。

戦雲たれこむ

手代木直右衛門が危惧したとおり、京都の空に戦雲が流れた。

八月十八日の政変に報復しようと、長州勢が上京を始めたのだ。

幕府の歩兵・騎兵が常駐していれば、長州勢の千人、二千人、どうということもないが、すべて会津が事に当たるとなれば、容易ではない。

長州が攻め込んだ場合、薩摩も討って出るとはおもうが、普段の治安維持は、京都守護職が当たるべきと簡単には動かない。

長州の動きは、四月から目立ち始めていた。桂小五郎《かつらこごろう》、北条瀬兵衛、久坂玄瑞《くさかげんずい》ら過激な攘夷論者が入り込み、正親町三条実愛の邸へ出向き、長州の復権を画策した。

大坂にも、数十人の藩兵が入っている。当然のことながら、会津藩は、これらの動きに神経をとがらせる。

そんなおり、会津藩公認の新選組から、耳よりな情報が寄せられた。三条小橋の旅館池田屋に、うさんくさい浪士たちが出入りしているという。

池田屋事件がもたらした状況

新選組は不逞の浪士の摘発に日々、奮闘していた。そこに大物がかかったのだ。近江の古高《ふるたか》村出身の尊王攘夷派の浪士、古高俊太郎《ふるたかしゅんたろう》である。

新選組は古高を壬生の屯所に引き立て拷問のすえ、驚くべき内容を自白させた。

古高は宮部鼎蔵《みやべていぞう》や長州の寺島忠三郎《てらしまちゅうざぶろう》、桂小五郎らの同志だった。古高から、長州藩士や浪士ら二百五十人ほどが京都や大坂、伏見に潜伏しているという供述を得、彼らのアジトも突き止めた。元治元年（一八六四）六月のことである。

彼らの計画は、強風の日に町人や百姓に変装した浪士が京都の街に火を放ち、御所に乱入して孝明天皇を拉致し、山口に運ぶという大胆不敵な陰謀だった。

それだけではない。驚いて参内する中川宮朝彦親王と容保をも待ち構えて殺害するつもりだと、古高が吐いた。

当時の京都は、長州藩過激派の巣窟で、無政府状態といってよかった。会津藩公用局としては、これらを一網打尽に捕え、粛清する必要があった。

いわば好機到来であった。

六月五日、長州藩過激派の集まりが池田屋であることを知った近藤勇は、三十名余の隊士を率いて池田屋に乗り込んだ。

この夜、集まっていたのは、肥後の宮部鼎蔵、松田重助《まつだじゅうすけ》、長州の吉田稔麿《よしだとしまろ》、杉山松助《すぎやままつすけ》、広岡浪《ひろおかなみ》秀《ひで》、佐伯靭彦《さえきゆきひこ》、土佐の野老山五吉郎《ところやまごきちろう》、石川潤次郎《いしかわじゅんじろう》、北添佶摩《きたぞえきつま》、望月義澄《もちづきよしずみ》ら二十ないし三十数名である。

桂小五郎も早めに顔を出したが、独特の勘が働いたのか、会合を避け、難をのがれたとされていた。しかし、西郷の伝記『大西郷全集』には小五郎も会合に加わっており、屋根伝いに逃げたと記述されている。

池田屋を囲んだ新選組は、正面を近藤と沖田が受け持ち、裏手に永倉新八と藤堂平助が回った。会津藩兵が来てから突入する予定だったが、午後十時を過ぎても来ない。

会津藩では会津兵の出動をめぐって是非論があり、大幅に出動が遅れた。出動すれば、長州勢との全面戦争になる。誰がどう論じたかは明確ではないが、容保は病に臥せっており、この席にはいなかった。

いつまで待っても会津藩は来ない。

しびれを切らした近藤は長刀を抜き、沖田とともに正面から二階に駆けあがった。浪士たちは二階の八畳と六畳をぶち抜いて宴会の真っ最中で、たちまち大乱闘になった。暗闇のなかで白刃がきらめき、浪士たちは中庭へ飛びおりて、必死に逃げようとする。土方隊も駆け付け新選組が有利になった。

長州の吉田稔麿、肥後の松田重助らは沖田に立ち向かったが、子供のように扱われて斬り殺された。乱闘は二時間にも及び、沖田も激しい立ち回りで吐血し、一時、人事不省に陥った。

殺された者は十三人、生け捕り四人。戦いは近藤、土方らの一方的な勝利だった。

朝廷より三百両、幕府より五百両、しめて八百両の祝儀が出て、新選組の名は天下に鳴り響くことになる。

「池田屋事件で、新選組の情報収集能力、探偵能力、そして死を恐れぬきわだった剣客集団としての戦闘能力が十二分に証明されたことによって、いやおうなく、この治安維持部隊的性格が、本来の〝勤王攘夷〟〝尽忠報国〟的、有志集団的性格とならんで、前面に押し出されるようになっていくのである」

と宮地正人《みやちまさと》著『歴史のなかの新選組』にある。

ここまでくれば、会津と長州の戦いは、もはや抜き差しならない事態になってくる。

もはや戦は避けられぬ

池田屋事件は、長州を激昂させる。

長州藩は家老益田右衛門介に上京を命じ、来島又兵衛《きじままたべえ》の遊撃隊、久坂玄瑞率いる忠勇、集議、義勇隊などが先陣を切り、次いで福原越後《ふくはらえちご》、国司信濃《くにししなの》の軍が長州を発った。

船で大坂に入った長州兵は、六月下旬から続々、京都に進軍を開始した。

たすき掛けで抜身の槍を持った長州兵が、嵯峨の天龍寺に向かい、市中の畳屋から、大量の畳を買い求めるなどの威嚇行動にでた。その数は次第にふえ、二千人にもふくれあがっている。

「やる気だな」

田中土佐は、全軍に出動を命じた。御所には一橋慶喜が詰め、会津藩兵は竹田街道、桑名・彦根藩兵が伏見街道を固めた。

このため、長州兵は市中に入らず、伏見、山崎、八幡や嵯峨などの要地に布陣した。容保にも刻々、知らせが入る。

二十七日、容保は病身をおして参内した。病状は依然、はかばかしくなく、自分で立つこともできない。

小姓頭・浅羽忠之助が上下を着せ、老女の鳴尾が三宝に勝栗と昆布をのせて勝利を祈り、輿に乗って御所へ向かった。

家老一瀬要人《いちのせかなめ》が甲冑の上に羽織りをつけ、槍をたずさえて、これに従った。

容保は輿のなかで、自分の姿に、忸怩《じくじ》たる思いがした。長州勢は帝を奪い返そうとして、御所に攻めて来よう。その重大な時に、自分は歩くこともできない。情けない。容保は自分を責めた。

すべては禁裏守衛総督の慶喜に托すしかないが、このような事態になると、にわかに腰くだけになるのが慶喜である。案の定、慶喜は幕府軍の上洛など軍備の増強をはからず、和解の道を模索する。薩摩の西郷隆盛も動かない。

永井尚志が伏見にいる福原越後を訪ね、説得するが、これを聞く福原ではない。

八月十八日の政変は、会津藩が戎装白刃で宮中に入り、忠良な公卿たちを追放した暴力行為だと、強く非難した。

もはや戦は避けられぬ。

田中土佐と神保内蔵助は腹を固めた。

こうなれば遷都だと、広沢富次郎と山本覚馬が画策した。佐久間象山《さくましょうざん》もかみ、山階宮《やましなのみや》や中川宮も、これに賛同、彦根へ移す目前のところで象山が刺客に襲われた。

計画は立ち消えになるが、もし遷都が実現していれば、明治維新の行方は、かなり変わっていたに違いない。

長州進撃

元治元年（一八六四）七月十八日夜、長州勢は、ついに洛中に向かって進撃を開始する。白鉢巻きに抜き身の槍を携え、提灯、松明をかかげて、攻めて来た。

慶喜も腹を決め、孝明天皇から長州軍討伐の勅許を得、会津、桑名藩兵に、七つ時（午前四時）までに出陣を命じた。

「戦か」

容保は、よろよろと立ち上がった。

髪は伸び、髭も伸び、頬はこけ、見るも無残な姿である。

市中のあちこちから、砲声が続き、火の手もあがった。すぐにでも参内したいのだが、自分一人では、なにもできない。容保はまんじりともせず朝を待った。

外が薄明るくなった時、小森一貫斎《こもりいっかんさい》が駆けて来て、健春門《けんしゅんもん》からお入り下さい、と告げた。

それを追うように、手代木直右衛門が飛び込み、容保を背負って、建春門へ走った。

なかに入ると、一橋慶喜が紫の腹巻きの上に、白羅紗に黒の陣羽織りをはおり、熊毛の尻鞘をつけた金装の太刀をつけ、立烏帽子《たちえぼし》に紫の鉢巻きをしめ、仁王立ちになっている。

「容保、主上を頼む」

と叫んだ。

「薩摩の西郷も、兵を差し向けましたぞ、心配はございませぬ」

直右衛門が力強くいう。京都所司代、弟の定敬も、いち早く容保を見つけ、かたわらに寄り添った。

「肥後どの、これへ、これへ」

大原三位卿が容保を常御殿に招き入れる。殿上正面の障子をあけると、孝明天皇のお姿がある。

容保は、ひれ伏した。

「不慮の変事、帝を悩ませられ候儀、まことに苦悩にたえず、我ら不肖といえども、誓って玉体を守護し奉りまする」

しぼりだすように奏上すると、

「朕は、そちが頼りであるぞ」

と孝明天皇がいわれ、容保はあまりのことに、畳に頭をつけて、身をふるわせた。

定敬が手を差しのべ、容保は、はっと我に返り、殿上を退いた。

宮中の動揺は、ますます厳しく、女官たちは御所に砲弾が落ちるたびに手を取り合って泣き叫ぶ。

神器を入れた御唐櫃《からびつ》が、縁側に並べられ、諸司は冠のひもを締め、たすきを掛け、草履をはき、御唐櫃をいまにも運びだそうとしている。

「因幡、備前の動きが、怪しゅうござる。主上をお移ししては、ならぬぞ」

手代木直右衛門が大声でいう。

容保は動転した。帝が長州勢に奪われれば、幕府、会津は即、朝敵になる。後日、分かったのだが、長州の桂小五郎が因幡藩の標識を付け、御所に入り込んでいたのである。

桂は有栖川宮を奉じて、帝を有栖川邸に移し、長州側に拉致する作戦だったという。

成功の可能性はあった。

「中立売門が落ちた」

「今出川門が危ない」

そうしている間にも、流言飛語《りゅうげんひご》が飛び交い、そのたびに、殿上は大騒ぎになる。

兵士たちは槍や刀を手に右往左往し、逃げてくる味方の兵を、敵と間違え撃ち殺し、まさに地獄である。

この日、御所の警備についたのは会津、桑名のほか大垣、彦根、紀州、小倉、熊本、久留米、越前、小田原、土佐、松山、因幡、備前、肥後など多数に及び、長州の行動はどう見ても無謀だった。

しかし窮鼠《きゅうそ》猫を噛むの譬《たと》え通り油断はできない。長州藩の攻撃目標は会津藩だった。

「国賊肥後守（容保）を討ち取るべく、今夜子の刻（深夜零時ごろ）、お花畑の宿舎に押し入る」

と号令を発し、続々進撃を開始した。これは高度な戦略だった。会津にのみ戦いを挑むとなれば、他藩は動きが鈍る。その間隙をついて一挙に御所に突入すれば勝利は可能だ、というものだった。

容保を狙撃すべく唐門の近くには狙撃兵も潜んだ。

会津藩は前年八月に兵を増員していて、このとき二陣八隊千五百人が布陣した。そのうち一陣四隊と大砲隊、新選組隊が竹田街道の九条河原に布陣した。残りの一陣のうち三隊が御所の警備につき、一隊は黒谷を守った。指揮は竹田街道が神保内蔵助、御所は内藤介右衛門である。皆、必死の形相で守備についた。

御所には九つの門がある。そこに諸藩の兵を配置した。堺町門は越前、下立売門は土佐、仙台、蛤門は会津、藤堂、中立売門は筑前、乾門は薩摩、今出川門は久留米、石薬師門は阿波、清和院門は加賀、寺町門は肥後で固めた。

戦闘は七月十八日夜亥の刻（午後十時ごろ）に始まった。福原越後が兵五百を率いて伏見を出発した。大垣兵がこれを迎撃し、伏見では彦根兵が伏見の長州藩邸に大砲を撃ち込んだ。

大砲の音は御所にも届き、孝明天皇は、

「総督以下、在京の諸藩は力を尽くして長州を征伐し、朝権を輝かすべきこと」

と勅書を下し、慶喜や容保を叱咤《しった》激励した。明け方、国司信濃が兵七百を率いて天龍寺を出て下立売、中立売、蛤門に迫った。

この時、容保は内裏のすぐ南にあるお花畑の仮小屋で臥せっていた。

長州兵は近隣の公家屋敷に潜入し、発砲してくる。蛤門を守る林権助《はやしごんすけ》隊と山内蔵人隊が応援に駆け付け、激しい戦となった。

長州の一軍は日野大納言の邸より突撃し、会津の内藤介右衛門の隊の側面を襲った。介右衛門が突貫を命じると、窪田伴治《くぼたばんじ》が自ら姓名を名乗り、

「一番槍」

と叫んで疾走し賊を突き刺した。しかしたちまち銃撃されて倒れた。飯河小膳《いいかわしょうぜん》、町野源之助《まちのげんのすけ》も突貫したが相次いで倒れた。唐門に危機が迫った。

そのとき薩摩が応援に駆け付け、砲四門を連発して賊兵を敗走させた。

危機一髪の戦いになった。

鷹司邸に潜伏する長州兵が雨霰《あめあられ》と銃撃してくる。守る越前兵に死傷者が続出した。ここを決戦の場と見た敵将真木和泉、久坂玄瑞、寺島忠三郎は自ら垣根に上って兵を叱咤し、長州兵は突撃を敢行した。間一髪、彦根兵が駆け付け敵の突進を食い止めた。

戦いを制したのは大砲だった。賀陽宮邸の前に据え付けた会津藩の十五ドイム砲は、轟音とともに鷹司邸の壁をぶち抜き、生駒隊が鷹司邸内に突撃した。賊はたまらず敗走した。

会津藩にも洋式軍制を習得した人物がいた。

山本覚馬である。のちに新島襄《にいじまじょう》と一緒に同志社英学校、現在の同志社大学を創設した逸材である。

覚馬は砲兵隊を指差して、十五ドイム砲を連発し、進軍した。

これによって長州軍は潰走し、久坂玄瑞は自決、形勢は逆転した。

公家の屋敷一面に火災が起こり、鷹司邸だけで二十人以上が焼け死んだ。

覚馬は惜しむらくは眼病にかかり、間もなく失明状態になり、会津藩の洋式部隊の編制は頓挫する。

炎焔天を覆い、御所の庭に砲弾が落ちた。公家たちは恐怖し、

「和睦して長州の入京を認めるべし」

とか、

「早く討ち果たすべし」

などと身を震わせて叫び、廊下を走りまわった。すると慶喜が、

「禁闕《きんけつ》に発砲する凶賊に和睦などあるものか」

と珍しく大声をあげた。そのとき、

「長州勢が攻め込んだ」

という叫び声があがり、公家たちは悲鳴をあげ逃げまどった。容保が、

「流言であるぞ」

と声を嗄らし、これを止めた。

蛤御門の会津藩砲兵隊も、巨砲十五ドイム砲をぶっ放し、耳をおおうばかりの轟音である。砲雷、地に響き、人馬蹂躙《じゅうりん》し、どこがどうなっているのか、だれも正確にはわからない。

中立売門では、会津藩陣将、内藤介右衛門が苦戦していた。会津藩兵は、槍をふるって突進するが、雨霰と降り注ぐ鉄砲隊の前に、死傷者が続出、篠田岩五郎、中沢鉄之助、有賀権左衛門らが戦死した。

第五章　孝明天皇の死

忠臣たちとの別れ

禁門の変の知らせが会津に届くや、帰国中の横山主税が、にわかに重体となった。息を引きとったのは元治元年（一八六四）八月七日だった。

葬儀に顔を出すこともできず、容保は、ありし日の横山を想い、慟哭《どうこく》した。

享年六十四。まだまだ生きていてほしい忠臣だった。

容保には、三人の父がいた。一人は実父義建、もう一人は養父の容敬、そして横山であった。京都における苦難の三年間、容保を支えたのは、横山だった。

会津藩に信じがたい出来事が起こった。秋月悌次郎の左遷である。

横山の死で会津・薩摩同盟の立て役者、悌次郎が公用方をはずされ、翌慶応元年（一八六五）、蝦夷地代官を命ぜられる。

まさかの処遇であった。

容保は、この人事を詳しく聞かされていなかった。悌次郎の姿が見えなくなった時、

「どうしたのか」

と、神保内蔵助に問うた。

「母ごの病が重いため、当分、帰れませぬ」

最初は、そのような返事であった。

そのうちに、蝦夷地代官に命じたことが報告された。

「なぜだ」

容保は意外なことに驚き、内蔵助を問いつめたが、内蔵助は無言だった。

きわめて信頼度が高い相田泰三《あいだたいぞう》『維新前後の会津の人々』(自家本)によると、帰郷中の悌次郎は禁門の戦闘を知るや、ただちに京都に急行した。しかし京都の家老は、

「京都に留まるなかれ。母に疾《やまい》あらば輿にて帰れ」

と無情であった。

家老の名前は記されていないが、当時、在京の家老は神保内蔵助だった。輿を使ってよいと温情を見せており、これは神保内蔵助の意見というよりは、第三者からの圧力があったのではないかと推定される。

八月十八日の政変以来、悌次郎の名前は京都に鳴り響き、中川宮や関白二条斉敬《にじょうなりゆき》の顧問にあげられ、会津藩公用局は悌次郎を中心に動いていた。その悌次郎に帰国命令が出た理由はなにか。多分にベールに包まれていて把握し難いがこの問題を示唆する史料がある。

文久三年(一八六三)二月二十九日の会津藩の密事文書に、悌次郎の人事にクレームがついたこ

とが書かれている。

悌次郎は軽輩の身であり、公用方には分不相応というのである。これに対して京都詰めの家老田中土佐、横山主税が江戸および国元の重臣に書状を送り、

「貴賤ともども採用しなければならぬ。秋月は学力もあり、交友も広く、世情も分かり、公卿方をはじめ一橋慶喜、公儀御役人のところとも懇意にし、もっぱら周旋方に調法致している」

と悌次郎への批判を封じていた。

会津藩は上下の関係が厳しく、羽織の紐で上士、中士、下士の区別がついていたほどで、悌次郎や広沢富次郎は下士の出なので、その意味ではひどく差別があった。もちろん身分は常に変わるものであり、二人とも後年は重臣として処遇されたが、この時期は強い階級意識に悩まされていた。

妬みが生んだ命取り

悌次郎への妬みは三月十一日、四月十五日、同二十日の「密事往復留」にも出てくる。それは高《たか》津《つ》平蔵《へいぞう》が国家老の西郷頼母に申し出たもので、

「秋月は私の門弟だが、学者とはいえないにもかかわらず、藩公のもとに出入りしている。このような者は近づけてはならない」

という明らかな妬みだった。それがふたたび重臣の間で取り上げられ、このときも京都御用所が、

「秋月は気癖があるが、不正直のところはない」

と否定している。

京都で実権を握った慶喜に、薩摩と親しい悌次郎の存在はどう映ったであろうか。

広沢富次郎の口述をまとめた大正十二年（一九二三）刊行の『幕末会津志士伝稿本』に慶喜との確執を示唆する記述があった。

それによると、将軍家茂の東帰をめぐり悌次郎が阻止の動きをした、さらに横浜鎖港の反対を画策した、などで慶喜の逆鱗にふれたとある。

横浜鎖港に慶喜はもともと反対だった。参与会議のメンバーも開港の必要性を認めた。ところが慶喜はにわかに鎖港賛成に転じた。

参与会議をつぶす目的であった。公用方の分際でそのようなことに口を挟むのは、でしゃばり過ぎると見られたのだろうか。

会津藩首脳としては京都守護職の辞任がかなわぬ以上、慶喜と心中する覚悟で対処するしかない。そうなれば悌次郎はけむたい存在になる。そういう構図だったと見られる。

しかし、これが後に重大なことに発展する。薩摩とのパイプが切れ、薩長同盟進行の情報が入らず、会津藩は長州に加えて薩摩をも敵に回し、敗北の道を歩むからである。

母の病気見舞いということで元治元年（一八六四）二月、京都を去った悌次郎は、会津で悶々として暮らすことになる。

悌次郎は蝦夷地に赴任の途中、遠回りして越前福井に寄り、松平春嶽に会っている。春嶽は越前にとどまらないかと声をかけるが、悌次郎は、それを断り、蝦夷地に向かう。

会津藩外交の瓦解である。

薩摩の動きが怪しい、という声を耳にするたびに、容保は悌次郎をおもった。しかし、病に臥す身である。政務から離れて、一年近くになる。人事もおもうようにはならない。蝦夷地ははるかに遠い。容保は悌次郎の身を案じた。

容保は大事な時に口をつぐんでしまう気の弱さがあった。慶喜が絡むと、何事も無言だった。気持ちは分かるが、これが会津の命取りになる。

会津藩と蝦夷地

会津藩と蝦夷地の関係は、安政五年（一八五八）にさかのぼる。この年、日露条約が結ばれ、千島列島の択捉島以南は日本領、樺太は両国の雑居と決まった。これに伴い、東蝦夷の標津《しべつ》、斜里《しゃり》、紋別《もんべつ》の三地区が、会津藩領となり、警備を命ぜられた。

会津から蝦夷地に向かう場合、普通は、日本海側のコースがとられた。越後に出て酒田《さかた》、本荘、秋田と歩き、三厩《みんまや》から船で蝦夷地に渡り、箱館に入る。

会津若松から箱館までは、おおよそ二十日を要した。これは順調に行ってのことで、青森で風待ちを食うと、一カ月かかる時もあった。

箱館から標津は、船で四日から五日の航海である。冬の期間の航行は不能で、夏に限られていた。会津藩の陣屋は、標津と斜里、紋別にあった。安政三年の記録によると、標津の場合はアイヌの家が二十五軒あり、人口は百十六人、内訳は男六十一人、女五十五人であった。文字どおりの寒村である。

この辺りの開拓を請け負ったのは箱館の御用商人で、和人は通弁《つうべん》、大工、木挽《こびき》、鍛冶など十八人、建物は仕入物蔵、米蔵、魚囲蔵、網蔵、鍛冶蔵、塩切蔵、炭蔵、大工小屋、板蔵、雑蔵、出張魚小屋などがあったにすぎない。

会津藩が、ここに陣屋を造営したのは、文久二年（一八六二）で、これを描いたのが、会津の絵師星暁邨《ほしぎょうそん》の「標津屏風絵」である。左に標津番屋、右に塩切蔵が配され、番屋の前には、武士の姿と塩切蔵に鮭を運び入れるアイヌが描かれている。

後方には倉庫群、士別津三社ののぼりを立てた神社、遠方には武佐《むさ》山の山並みが見え、番屋の前には井戸、割札、魚見櫓、手前に標津川と海がある。さらに一キロほど南の海岸、ホニコイにも陣

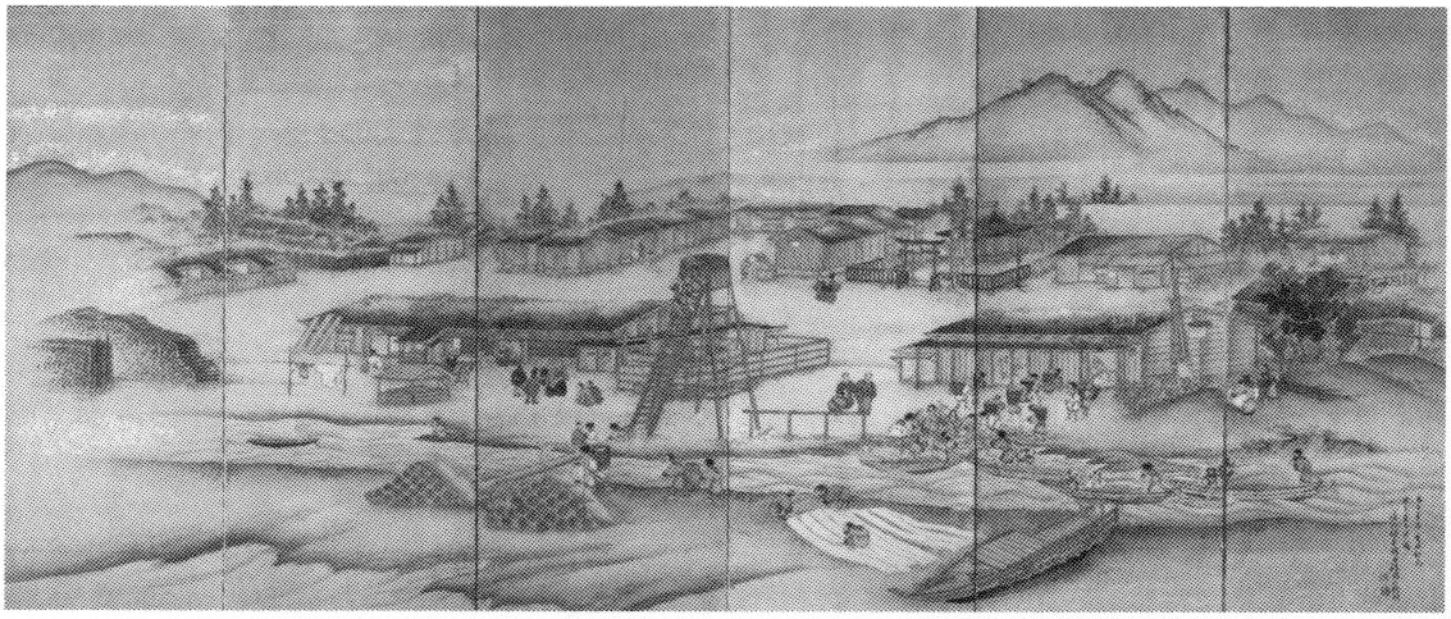

「標津屏風絵」（星暁邨画／西厳寺所蔵／ポー川史跡自然公園提供）

屋があり、八棟の建物があったとされている。

もう一枚、オムシャの図が残っている。

オムシャとは、アイヌ語のウムシャがなまったもので、本来は久しぶりに会った親戚知人が、お互いに頭から肩へ両手でなで合い、挨拶することをいう。このあと、贈り物を交換する友情の儀式がある。

この絵は、秋田県山本郡八森《はちもり》町の加賀屋が所有している。万延元年（一八六〇）八月二十九日に、標津会所で行なわれたオムシャの儀式だと、明記してある。

絵は和紙に墨で描かれ、絵柄は大きな建物と、坂塀に囲まれた庭が中心である。建物のなかには三人の武士がいて、右側の一人が文書を読んでいる。

庭には廊下に接して、二段の台を設け、高い台には中央に向かい合って袴姿二人、羽織姿四人、低い台に袴姿三人、羽織姿二十三人が座り、挨拶している。その後ろには和服やアイヌの伝統的な衣服であるアツシ姿のアイヌが二十七人座っている。

高い台の上には酒樽や煙草が見え、贈り物の交換が行なわれるのだろう。これらの絵によって、標津の模様は、かなりわかる。

蝦夷地における会津藩の責任者、郡奉行は樋口佐多助といった。実務をとり仕切ったのは、スケッチを描いた一ノ瀬紀一郎で、当年三十歳。会津藩きっての蝦夷通だった。

紀一郎はもともと絵心があり、その能力が買われ、幕府外国方に仕え、安政三年（一八五六）、幕府の蝦夷地調査団の従者に選ばれた。いまでいえば、カメラマンである。

調査団は目付の堀織部正《ほりおりべのしょう》を団長に、勘定吟味役・村垣範正《むらがきのりまさ》、徒目付・平山謙二郎である。

一行は箱館から室蘭《むろらん》、白老《しらおい》、石狩《いしかり》、宗谷と航海を続け、さらに樺太を探検した。

紀一郎のスケッチは「蝦夷廻浦図絵」としてまとめられ、高い評価を得た。会津藩領の代官に紀一郎が選ばれたのは、当然だった。

紀一郎は後年、雑賀《さいが》孫六郎と名を変え、旧幕府海軍に身を投じ、箱館戦争に参戦、戦後は明治政府に出仕し、北海道開拓に当たっている。

標津には紀一郎がいたので、悌次郎が割り当てられたのは斜里だった。

標津は広々と大地が広がり、船着き場もあったが、当時の斜里はひどいもので、途中、何カ所も道なき道が続き、山中は昼なお暗く、ところどころに大木が倒れ、まさしく日本最果ての地だった。

「秋月先生、ご自愛を」

紀一郎が、途中まで見送ってくれたが、このまま蝦夷地の土になるのかと、辛い思いがよぎった。

最果ての地での悲惨な日々

悌次郎は慶応元年（一八六五）九月にここに入っている。京都を発ったのは、初夏の頃だったので、長い旅であった。

「秋月君、なぜ、ここに」

信じられない、といった顔で、迎えたのは南摩八之丞《なんまはちのじょう》である。

これも不可解な人事であった。

南摩は悌次郎と同じ世代の人間で、文政六年（一八二三）の生まれである。五年前から、ここに来ており、年も四十三を数えている。

二人は藩校日新館で肩を並べた、よきライバルであった。江戸昌平黌に進学したのも、ほぼ同じで、安政二年（一八五五）には藩命によって諸国を歩き、見聞録を著わしている。その人物が、突然、蝦夷勤務を命ぜられたのである。

後年、南摩は綱紀《つなのり》を名乗り、東京高等師範学校、同女子高等師範学校、東京帝国大学の教授を務め、明治天皇に進講したほどの知識人である。

深い憂いを含んだ八之丞の顔を見て、悌次郎は、ここの暮らしの過酷さを知った。

季節は初冬である。野山は赤茶け、切り立った屏風のような断崖絶壁に荒浪が叩きつけている。

「アイヌは、ことのほか自然を愛する民でな」

八之丞がいった。

アイヌの月別名称には、実にたくみに季節感が盛り込まれている。

九月はムニ・オラッ・チュプ。草も木も枯れる月であり、十月はシニ・オラッ・チュプ、草木の葉が多く落ちる月である。二月が一番寒く、チユイ・ルペ・チュプ。激流も滝も凍る月と聞いて、悌次郎は身震いした。

京都では日々、政争に明け暮れていた悌次郎である。あまりにも違う環境の変化にとまどうが、じたばたしても始まらず、はじめの頃は、ただ呆然と海を見ていた。

やがて管内を見て歩いた。しかし、行けども行けども、無人の荒野であり、なぜ、ここを会津が守らねばならぬのか、疑念を消すことができなかった。

轟々と吹きすさぶ風の音を聞きながら、悌次郎は次の詩を詠んだ。

漁猟《ぎょろう》生をなして　秋《とき》を識らず
蜻蜓洲《せいていしゅう》の外に一つの蜻洲

頭を回らせば　郷里あに遠しと言わん
海を隔たてて　青山、即ち奥州

蝦夷地は、漁猟をもって生計を立てるところで、暮らしぶりは古の世と同じである。しかし、ここも日本である。おもえば、郷里の会津若松もそう遠くはない。海を隔てれば青山があり、そこは会津若松がある奥州ではないか。

海の彼方に奥州を描き、必死に生きようとする悌次郎の姿があった。

悌次郎の周囲にいるのは、アイヌである。彼らは鮭や獣を追って暮らす血族集団であり、その宗家である酋長《しゅうちょう》に率いられている。

冬を前に、悌次郎はオムシャを催した。

アイヌたちは悌次郎に、干魚や熊の毛皮や彫刻の数々を贈り、悌次郎は酒や煙草を振る舞った。

目の前のアイヌたちは、病の者もいて、なぜか精彩がない。

この夜、八之丞は、和人の悪行の数々を語った。

「アイヌたちは、かつて、この広い大地で、自由奔放に生きていた。それを壊したのは和人だ」

八之丞は、暗い声でいった。

箱館周辺のアイヌは、いち早く松前《まつまえ》藩に帰属したが、ノップマップ（根室）を中心とする蝦夷のアイヌは、勇猛で誇りが高く、和人の侵略を拒んで来た。

しかし、千島列島の方からは、ロシアの商人が、南から和人の御用商人が東蝦夷に食い込み、いまや昔日の面影を失っている。過酷を極めたのは、文政の頃で、松前藩の御用商人がこの辺のアイヌを男女の別なく国後島や利尻島に連行して働かせた。

娘は番人や和人漁夫の妾とし、男たちは昼となく夜となくこき使われた。病気になると、雇倉にいれて放置し、たいていは飢えて死んだ。

和人が持ち込んだ梅毒は、またたく間に広がり、感染すると雇倉に入れ、妊娠すればトウガラシを煎じて飲ませ、堕胎させた。このため二度と子供の産めぬ体になった。

元気でいる間は、いつまでも使役され、女は嫁にも行けない。こんな状態が続いている。

「なんということだ」

悌次郎は溜め息をついた。

恐ろしい冬が過ぎ、夏も終わりの頃、悌次郎も病に罹《かか》った。気候が合わず、食も進まない。

主君容保は、どうしておられるだろうか。

悌次郎は熱にうなされながら、都をおもった。

この轍を踏んではならぬ

秋月の病は、夏に大量に発生するヤブ蚊に刺されたのが原因ではないかとおもわれた。蚊の大群が、雷のような羽音を立てて襲ってくる。このため、昼間から蚊帳が必要だった。蚊やアブに刺されると病気になる、ということで、気をつけてはいたが、防ぎ切れず刺されてしまった。そのせいか、秋になって一気に体調を崩した。

悌次郎は臥しながら次の詩を詠んでいる。

京洛、斯《こ》の時　まさに謀りごとを献ずべし
謫居病に臥す　北蝦夷
死して枯骨を埋むるもまた悪《にく》むにあらず
唐太以南みな帝州

都にいれば、謀りごとも献じていたろうが、いまは蝦夷に流され、病に臥している。こうなれば、ここに骨を埋めるのも、悪くはないだろう。樺太以南は、みな、帝の土地なのだから、という意味になる。

容保の姿が、いつも悌次郎の脳裏をよぎり、人知れず、涙することもしばしばである。

なぜ、自分が、ここにいるのか。

悌次郎の疑問はとけない。

薩摩であれ、長州であれ、それは同じ日本人であり、大和民族の血が流れている。その原点を皆が忘れている。異民族であるアイヌを見ていると、そのことが強くおもわれた。

アイヌにはかつてコシャマインのような大酋長がいて、蝦夷地に侵入した和人を攻め、数的にも優勢だった。

しかし、鉄の精製技術を知らず、自然の生活に甘んじたため、結局は和人に押され、その自主性を失った。

この轍《てつ》を踏んではならない。国内の争いに明け暮れているうちに、諸外国が牙を剥《む》いて襲いかかって来よう。その時では遅い。

悌次郎は苦悶《くもん》した。

至急上洛せよ

慶応二年（一八六六）十二月、悌次郎のもとに一通の手紙が送られてくる。

「先生、京都からの知らせです」

吹雪の中を決死のおもいで紀一郎が持参した。それは悌次郎と八之丞の二人にあてたもので、

至急上洛せよ

会津御用局

という文面であった。八之丞は顔を紅潮させ、

「帰れるのだ」

といって立ち上がり、そのまま柱にすがって、おんおんと泣いた。

「ああー、帰れる。殿がお呼び下さったのだ」

悌次郎の目にも涙があふれ、二人は、抱き合って号泣した。

悌次郎と八之丞が京都に着いたのは、翌慶応三年（一八六七）三月の下旬であった。

二人は京都の変わり果てた姿に慟哭した。

天皇の悶死

慶応二年（一八六六）十二月十二日、内侍所で臨時の御神楽が行なわれた。天皇は少し風邪気味だったが、それほどのことはなく、無事、御神楽を終えた。翌日、熱がでた。

高階典薬少允が風邪薬を調合したが、熱が下がらない。うわごとをいい、苦しいご様子である。十四日には山本典薬大允が診察した。

痘瘡のようである。孝明天皇は三十七歳になられる。幼児期に痘瘡にかからず、もうその心配はないとおもわれていただけに、周囲も驚いた。

十五日には、手に吹き出物がでた。十六日には顔にも広がった。翌日、正式に痘瘡と発表され、御所に詰める余九麿から、黒谷に急報が入った。

容保は飛び上がらんばかりに驚き、所司代の松平定敬を連れ、翌朝参内し、火気をいましめ、日夜ご回復を祈った。

容保は気を病む気性《きしょう》だけに、夜も眠れぬほどで、ご病気快復の加持祈祷も行なった。

幸い、二十日には大分快復され、吹き出物からウミも出て、あとは、かさぶたになって固まるとのことだった。食欲もでたというので、容保もほっと安堵して胸をなでた。

それが二十五日になって急変した。

孝明天皇は激しい吐き気と下痢に襲われ、血を吐き、体中に赤い斑点がでて、ものすごい形相で悶死したのである。

疑わしき天皇の死因

「わが方の公用方が集めた話なので、信憑性は高い。なんでも、あの夜、女官が血相を変えて典医の伊良子《いらこ》光順《みつおき》のもとに駆け込んだそうだ。ご典医があわててご寝所に走ったが、もう手の施しようがなく、胸をかきむしって亡くなられたという」

と神保内蔵助がいった。

「それで犯人の手がかりは」

「わかるものか。人の噂では、黒幕は岩倉具視。毒を盛ったのは、おおかた帝を亡きものにせんとした公卿の娘であろう」

悌次郎は、それ以上、話を聞くのをやめ、黒谷を去った。

孝明天皇の急死は、広沢富次郎や小野権之丞から、さらにくわしく顚末《てんまつ》を聞き、ますます黒の印象を深めた。

筋書きがあった。

岩倉具視が演じた宮廷の改革劇である。皇女和宮の降嫁で攘夷派の反感を買い、京都郊外で身をひそめていた岩倉は、将軍の死を利用して、動きだした。

岩倉は薩摩の小松帯刀《こまつたてわき》、大久保利通らと組み、幕府・会津寄りの中川宮、関白・二条斉敬にあらぬぬれ衣を着せ、追い落としを図った。

この動きに孝明天皇が激怒、これに与した公卿二十二人を閉門にし、佐幕派で周りをかためた。

それをくつがえす最後の手、それが孝明天皇の毒殺だった。

私の恩師、東北大学名誉教授・石井孝は、『幕末非運の人びと』で、こう断言した。

「天皇は現体制の固持を目指す保守主義者であり、国内的には幕府支持、対外的には鎖国復帰である。そして幕府と倒幕勢力との最終的対決が迫っているとき、天皇は倒幕勢力を背景とする宮廷陰謀の犠牲になった」

これらの人々が、のちに錦旗を掲げて幕府、会津藩に朝敵の汚名を着せて新政府を設立するのだから、明治維新は実に怪しげな革命だった。

「彦根か江戸に遷都しておけば、未然にふせげたものを」

富次郎の言葉が、すべてを物語った。

天皇の死について、町のなかにさまざまな噂が飛び交っていた。

槍で突かれたというのもあった。

その夜、孝明天皇は侍女に助けられて手洗いに行った。厠の隣に大きな水盤があり、そこに手桶がおいてある。用をすませた天皇が手をお出しになった。お付きの侍女が柄杓に水を汲んでかけ、ふいて差し上げようとした。その時、縁の下から槍が突き出て、天皇は血だらけになって倒れた。侍女は驚いて悲鳴をあげ、宿直のご典医を呼んだ。そのすきに曲者は逃げた、というのである。

宮廷のなかは窺い知れない奥の院であり、なにがあったかは、すべて藪のなかだった。

空白の二年

この二年の間に、都はすっかり変わっていた。薩摩と長州が手を握って薩長同盟が成立、イギリス商人から大量の小銃を買い求め倒幕を掲げて、再び上洛のきざしを見せている。

幕府の長州攻めは失敗し、その心労から将軍家茂は昨年七月、わずか二十一歳の若さで病没し、宮中も薩長藩が主流を占めつつある。

「殿は、すっかり気が弱くなり、会津に帰ることばかり考えておられる。わしも疲れた」

富次郎は肩を落とした。

もはや京都守護職の任は終わった。会津に引き揚げるべきだと悌次郎は八之丞と語り合った。しかし、皆は口々に薩長をののしり、

「このままでは帰れぬ」

と、戦さは避けられぬ雲行きだった。しかし相手は長州だけではない。薩摩も加わっている。

「手ごわすぎる。何とか話し合いの道はないものか」

と悌次郎は思った。

数日後、悌次郎は薩摩藩邸を訪ねた。

来意を告げると、海江田信義《かえだのぶよし》が応接した。

「拙者、久しく蝦夷地にあって、近頃の会薩のことは承知致さぬが、伝え聞くに以前とは大いに異なる由、小松どのにお会いし、ふたたび交際を深めたいとおもい、お邪魔致した」

海江田は不思議そうに、悌次郎を見つめ、

「お待ち下され」

と奥に消え、家老の小松帯刀を連れて来た。

「そうか、そうか」

小松は、そういうのみで、悌次郎は、体よく追い返された。

遅かったのだ。

悌次郎は蝦夷地の二年間を悔やんだ。

主君容保に、上京の挨拶をしたのは、その後である。

容保はひどく憔悴し、見るかげもなく痩せ細っていた。悌次郎は胸をつまらせ容保をみつめた。

「さて昨今の情勢、なんと申し上げて良いか、薩摩ももはや、我が味方ではございませぬ」

「やはりそうか。誰も本当のことを教えてはくれぬ。そちが来てくれれば余も安心じゃ」

容保は悌次郎の手を握らんばかりにいう。

おいたわしい。悌次郎は目をそむけた。

容保は心身ともに病んでいた。

相変わらず微熱がある。これ以上、京都守護職の任に当たることは、どう見ても難しい。

また、させてはならぬ。この点で会津藩重臣の意見は一致していた。

困窮する会津

田中土佐、神保内蔵助、梶原平馬ら会津藩首脳は、はざまに立たされた。前年、国もとで大火があり、城下の大半を焼失、加えて凶作が続き、領民は飢餓に苦しみ離散する者もいた。

在京中の藩士も故郷をおもうあまり、不安をつのらせている。このため一部に風紀の乱れが見られ、少しのことで口論する。これ以上、京にいては会津藩が滅びる。

しかし中川宮も会津藩の前に立ちはだかった。

「いまこそ天下の大事、この時に肥後守が京を離れるなど、認めるわけには参らぬ」

の一点張りである。

この年の六月、余九麿が元服、将軍慶喜の一字をもらい、喜徳《のぶのり》を名乗り、従四位若狭守に任ぜられた。もはや会津に帰ることは不可能で、内藤介右衛門、梶原平馬、倉沢右兵衛《くらさわうへえ》らは、如何ともしがたいと、天を仰いで嘆息した。

容保の願いは空しく消えた。

この壁を破る余力は容保に残されていなかった。もし、この時期に帰国していれば、会津の悲劇は避けられたはずだった。

すべては手遅れだった。

土佐藩接近

晩秋の十月四日、土佐藩の後藤象二郎が会津藩公用局を訪ねた。

手代木直右衛門と外島機兵衛、上田伝次が会うと、象二郎は、

「天下の形勢は、内憂外患、日々に迫り、人心は乱れ、いかんともしがたい。いまこそ大革新の時である」

と、切々と説いた。

「同感です」

江戸から上った直右衛門がうなずくと、

「問題は政令が朝廷と幕府の双方から出ていることだ。この際、幕府は政権を朝廷に返してはどうか。わが土佐藩は大政奉還を藩是と決めた。このことを他の藩にも呼びかける。将軍も賛意を表されておる。貴藩も決断していただきたい」

象二郎は目に涙さえ浮かべて語った。

「主君に貴殿の意向をお伝えいたす」

「ならば、ご免」

象二郎の後ろ姿に、直右衛門は来たるべきものが来たと感じた。

率直にいって大政奉還には反対だが、将軍が同意とあらば逆手にとって、この策にのり、大政奉還後の主導権をとればよい。

直右衛門は、そう考え、直ちに黒谷に向かった。

容保は、直右衛門の報告を驚愕《きょうがく》して聞いた。

答えようがない。

「余は反対だ」

容保は自分の気持ちを率直に伝えた。

「汝らみだりにこのことを論じてはならぬ」

容保は釘を刺した。

『手代木直右衛門伝』にそのことが記述されている。

慶喜の熱弁

将軍慶喜が容保を招いたのは、それからまもなくであった。

容保は病をおして、二条城に出向いた。

慶喜は城中奥深く二の丸御殿にいた。

二の丸御殿は遠侍の間、式台の間、大広間、黒書院、白書院の五つがあり、遠侍の間は諸大名の控えの間、式台の間は老中との対面、大広間は将軍と外様大名との対面の間である。

将軍と親藩の大名が会うのは、黒書院である。容保は黒書院で待つと、

「白書院にどうぞ」

という。白書院は将軍の居間、ここに招かれるのは、異例のことである。

容保は恐縮して、足を運んだ。

「肥後、体の具合はどうだ。だいぶ良いようだな。象二郎から聞いたとおもうが、余も大政奉還に賛意を表した」

慶喜はこともなげにいい、今後の政局について、あれこれ熱弁をふるった。

容保は、唖然として慶喜を見つめた。

わが会津藩はどうなるのか。余りにも唐突で、読み切れなかった。

「そちも知っての通り、わが幕府にはフランスがついておる。小栗忠順《おぐりただまさ》が、あれこれ策を練っておるが、横須賀に製鉄所を造ることが決まった。歩兵、騎兵、砲兵もなかなかの出来栄えである。イギリスのパークスも、わが幕府の力は十分に認めておる。余は摂政を兼ねるつもりだ。そうすれば、政令が朝廷、幕府の二途より出ることはない」

いつもながら、あざやかな弁舌である。しかしどこか空虚な響きがあった。

慶喜の「絵に描いた餅」

容保は慶喜の思い込みを心配した。江戸の幕閣に全く相談せず、自分勝手に大政奉還を決めていたからである。

危うい。

実に危うい。

容保も焦るばかりである。

慶喜の考えの背景にあるのは、小栗忠順、西周助《にししゅうすけ》らの抜本的な幕府改造論だった。

小栗は勘定奉行として幕府の財政を一手に握る実力者である。渡米の経験があり、フランス公使ロッシュの指導のもとに行政、軍事、財政などの国家改造計画を練り、慶喜を頂点とする新たな国家づくりを目指していた。

それは分かるが、決める手続きが何もなされていない。政治顧問であるフランス公使ロッシュや小栗忠順、勝海舟《かつかいしゅう》らに相談があってしかるべきだが、慶喜は独断で大政奉還を決めていた。

西周助は京都に来ており、歯の浮くような日本改造計画を慶喜に吹きこんでいた。

西の構想は立法機関である上下両院からなる議政院を設け、上院は大名、下院は各藩一人の藩士で構成、慶事は行政府の元首と上院議長を兼ねるという案を考えていた。

この場合、朝廷に権限はなく、天皇は議政院で議決された法律に、判を押すだけで拒否権はない。もう一つ重要なことは、各藩が軍事力を持つのではなく、日本国に統一軍を組織することだった。

会津藩公用局では、これは絵に描いた餅に過ぎないと反発した。

薩摩や長州が納得するとはおもえないが、実現すれば、幕府は安泰である。しかし現実問題として薩長は大反対を叫ぶだろう。

慶喜はそこが十分に分かっていない。公用局のメンバーは、慶喜の大政奉還には大いに疑問視した。

江戸の幕閣たちも同じだった。小栗が危惧したのは、公用局と同じように慶喜の見通しの甘さだった。小栗は大政奉還の際には幕府の陸海軍を京都、大坂に出動させ、十分な態勢を整えてから受けるべきだと主張していた。

京都にいる慶喜と江戸にいる幕府閣僚の間にかなりのずれがあり、慶喜が独断専行するところに問題があった。

手代木直右衛門は、第二次長州征伐に参戦、長州の強さをこの目で見ており、甘く見ると足をすくわれると、判断した。

「一戦は避けられぬ」

直右衛門は全軍の出動準備を軍事方に要請するとともに、二条城に慶喜を訪ね、幕府陸・海軍のすみやかな上洛を促した。

「わかっておる。江戸もそうだが、会津もなにかといえば戦だという。直右衛門、最上の策は戦ではあるまい。一戦を交えることなく、相手を負かすことにある。大政奉還とはそのようなものよ。そのあとは結局、徳川が仕切ることになる」

慶喜は江戸の慎重論など、さほど意に介さない。

「まかせておけ」

とばかり相変わらず強気の姿勢で、直右衛門をあしらったが、慶喜にも一抹の不安感があった。

それはフランスの動向である。

フランスの危惧

慶喜を全面的に支持するフランス公使ロッシュの後ろ盾、外相のドルーアン・ド・リュイスが辞任、新外相のドゥ・ムスティエは、薩長にも関心を持ち、幕府一辺倒の外交姿勢を改めようとしていた。

この六月、フランスに派遣した外国奉行・栗本安芸守によってもたらされたもので、三十万ドル相当の武器の輸入はまとまったが、借款は不調に終わり、製鉄所や造船所の建設が暗礁に乗りあげていたのである。

これは幕府の極秘事項である。

会津藩首脳は知る由もない。その理由は英国外務省の危惧感だった。アーネスト・サトウから上がってくる対日情報は、幕府が崩壊し、近い将来、薩長中心の新国家誕生の公算大という極秘情報だった。これを知ったフランスは幕府に対し警戒感を強めた。

世界は狭かった。

幕府はフランスの協力を失いかけていたのである。にもかかわらず慶喜は気が早い。

十月十二日、容保と定敬の兄弟を従え、在京の有力諸侯を集め、政権を返上し、朝廷を助け、全国の諸侯とともに、皇国の大策を講じる覚悟であると述べた。

これに対して薩摩の小松帯刀、芸州の辻将曹《つじしょうそう》、土佐の後藤象二郎、福岡藤次《ふくおかとうじ》、備前岡山の牧野《まきの》権六郎《ごんろくろう》、宇和島の都築荘蔵《つづきそうぞう》の六人が将軍の見識と英断に敬服する旨、言上した。

小松が政権返上後、当分は、慶喜が従来のごとく政務委任を受け、国政にあたるべきと述べ、会津藩重臣が胸をなで下ろす一幕もあった。しかしこれは一時の方便に過ぎなかった。

幼帝に奏上

十月十五日には、大政奉還を天皇に伝えた。

天皇といってもまだ十六歳の少年である。すべては幼帝を取り巻く公卿たちによって、いかようにもなる。

広沢富次郎は、このことをもっとも恐れた。政権を帝に返すのはいい、しかし、天皇は幼く、自ら判断し、政令を出すことはできない。となれば、どうなる。公卿が都合のいいように幼帝を操作できる。天皇を手中に収めれば、どのような政令をも発することができるのだ。

これは容易ならざる事態である。

富次郎は、空恐ろしさをおぼえ、一日も早く幕府陸軍が宮門を固めるしかないと焦った。

このところ、京都と江戸の意思の疎通は極度に悪くなっていた。

江戸にはシャノワンを団長とするフランス軍事顧問団がおり、陸軍総裁・松平縫殿頭を最高司令官に歩兵、騎馬、砲兵合わせ一万二千余のフランス式陸軍がいたにもかかわらず、やっと上京した兵は、その三分の一にも満たない程度だった。しかも軍事顧問のシャノワンの姿は、影も形もない。

これでは、なんのための顧問団か。

「歯がゆい。これでは手遅れになる」

直右衛門も地団太を踏むが、如何ともしがたい。

「小栗も小栗だ。自ら乗り込んで、なぜ事にあたらぬ」

会津藩公用方は、うめいた。

人生の落とし穴

人生には、時として巨大な落とし穴がある。大政奉還はまさしく、その落とし穴であった。政権を天皇に返したのだから、日本の政治は、天皇が自由に操ることができる。それをいいことに、これまで何度も偽勅がでた。

同じことが、また起こる。土佐を疑いたくはないが、将軍慶喜は善人すぎる。たくみな弁舌を聞くと、策略家、陰謀家に見えるが、その素顔はお人好しだ。悪人にはなり切れない人のよさがあった。

政治的空白をいいことに、薩摩も土佐も長州も続々、兵を上京させている。天皇のもとで、すべて会議で行なうというのなら、大軍を上京させる必要はない。

「はかられたか」

会津藩邸に、重苦しい空気が流れた。

形の上では会津藩も大政奉還に賛成している。しかし、すべての権限を朝廷に返したあと、どうなるのか。それはなにも決まっていない。誰一人考えていない。

無茶苦茶な話だ。

会津藩内に動揺が広がった。

急を聞いて、国もとから神保内蔵助、田中土佐、萱野権兵衛が駆けつけた。不眠不休、駕籠を乗り継いでの上京である。

容保は三人の疲れ切った顔を見て、事態の切迫を知った。

帰郷の勧め

「国もとは大騒ぎでござる。これではわが会津の苦労は、何も報われぬことになる。大政奉還など返上下されよ」

内蔵助がいい、

「かくなるうえは、直ちに帰郷致しましょうぞ。たとえ徳川家を裏切ったといわれても、致し方ござらぬ。すべては国もとが大事でござる」

と、涙ながらに訴えた。

容保は西郷頼母をおもった。

同じことがまた起こっている。あの時は頼母を叱ったが、いまは違う。内蔵助のいう方が正しい。

それは容保にもわかる。

だが、動けない。慶喜が、それを許すはずはない。

容保は言葉もなく、押し黙った。

数日後に、

「どうも様子がおかしい」

と、最初に異変をかぎつけたのは広沢富次郎である。薩摩の西郷、大久保と公卿の岩倉具視が不穏な動きにあるという。

「おおかた密勅の作成であろう」

と、富次郎がいう。

これは絶対に阻止しなければならない。しかし止める手だてがない。すべて宮門の奥の出来事である。うかがい知ることも、未然に防ぐことも出来ない。

後でわかったのだが、富次郎のいう通り、岩倉と正親町三条実愛が次の密勅を作成していた。

詔《みことのり》す。源慶喜、累世《るいせい》の威をかり、闔族の強を恃《たの》み、みだりに忠良を賊害し、しばしば王命を棄絶し、遂に先帝の詔を矯《た》めて懼《おそ》れず、万民を溝壑《こうがく》におとして顧みず、罪悪の至るところ神州まさに傾覆せんとす。

朕、いま民の父母として、この賊にして討たずんば、何をもって、上は先帝の霊に謝し、下は万民の深讐に報いんや。

これ朕の憂憤のあるところ、諒闇も顧りみざるは万止むべからざるなり。

汝、よろしく朕の心を体し、賊臣慶喜を殄戮《てんりく》し、もって速やかに回天の偉勲を奏して、生霊を山嶽の安きに措《お》くべし。この朕の願い、あえて懈《おこた》ることあるなかれ。

慶応三年十月十三日奉

正二位藤原忠能

正二位藤原実愛

権中納言藤原経之

これと同時に、容保と京都所司代桑名藩主・松平定敬をも誅戮すべき旨の密勅も下された。

会津宰相

桑名中将

右二人、久しく輦下《れんか》に滞在し、幕賊の暴を助け、その罪軽からず、これによってすみやかに誅戮を加うべき旨、仰せ下され候事。

十月十四日

忠能

実愛

経之

のちの明治天皇はまだ十代の幼帝である。この勅書に関係したとはとても思えない。幼帝があずかり知らぬ偽勅だった。忠能、実愛、経之のほかに岩倉具視しか知らない密勅で、書いたのは岩倉の腹心、国学者の玉松操《たままつみさお》だった。

宮門クーデター

政治の裏舞台は醜悪である。

大政奉還はものの見事に裏をかかれた。

偽勅を手に入れた薩摩・長州は討幕部隊の編成を急ぎ、十一月に入ると、薩摩藩主・島津茂久《もちひさ》が兵三千を率いて、進軍を開始し、御所を取り囲んだ。

明治天皇の外祖父中山忠能《なかやまただやす》が宮廷を取り仕切り、幕府、京都守護職、京都所司代を一方的に廃止し、長州藩主父子の入京を決めることを宣言した。

この朝、会津藩唐御門番の当直、小池勝吉は、薩摩兵が続々出動して来たのを見て、仰天する。

「一大事にござる」

勝吉は蛤御門の守衛隊長生駒《いこま》五兵衛に急を告げた。

五兵衛は直ちに薩摩が守る乾御門に行き、

「戎装《じゅうそう》は、なんのためであるか」

と問うと、

「主人参内するに付き、警護の許可を得ておる」

と、どんどん御所内に入って行く。

そこへ佐川官兵衛が駆け付け、

「みだりにうろたえるな。礼を失してはならぬ」

と触れ回った。

大政を奉還した以上、現場の指揮官も手出しは出来ず、さしもの佐川官兵衛ですら、ただ黙って見ているほかはない。

この夜、子《ね》の刻（十二時ごろ）には蛤御門、唐御門番所を土佐藩に引き渡すべしとの命令書が会津に下った。

容保は刻一刻入るこの知らせに、胸がつぶれんばかりであった。

大政奉還後の政局は、土佐がなかに入り、幕府と薩摩の間に接点が見出せると聞いていたが、それは見事なまでに裏切られた。

田中土佐と神保内蔵助が、うなだれた。直右衛門も顔色がない。

どうなるのだ。一体どうなるのだ。容保は、狼狽した。

この夜、小御所で初の御前会議が開かれ、幕府、会津、桑名の欠席裁判が行なわれた。

会議では薩摩の抜き打ちに怒った土佐の山内容堂が、

「早々に慶喜を、この合議に招くべきだ」

と発言したのに対し、岩倉は、

「慶喜には忠誠のあかしがない」

とはねつけた。

「なにをいわれるか、このような暴挙を企てた二、三の公卿は幼冲《ようちゅう》の天子を擁し奉って、権力を我がものにせんとするものではないか」

容堂はなおも迫ると、

「ここは御前であるぞ。恐れながら聖上は不世出《ふせいしゅつ》の英主にあらせられ、今日の挙はみな宸断が出たものであるぞ。幼冲の天子など、なんたる妄言ぞ」

岩倉は居丈高に叫んで、容堂を制した。

幼帝は何も分からずただ座っているだけなのだ。これを聞いて越前の松平春嶽も、

「異論がござる」

と立ち上がったが、

「慶喜など恐れるに足らぬ。逆らえば討伐するのみ」

今度は大久保利通が、ぴしゃりと抑えた。

宮門は薩摩の兵に固められている。なにをいっても、薩摩の武力の前に封じこめられてしまう。

こうして摂政、関白、征夷大将軍を擁して王制を古にもどし、総裁、議定、参与をおいて万機を

行なわせることが、有無をいわせずに決まり、さらに慶喜に幕領を返上するよう求め、翌朝、御前会議を終えた。

この夜、決まった人事は総裁が有栖川宮熾仁親王、議定に仁和寺宮嘉彰《にんなじのみやよしあきら》親王、正親町三条実愛、中山忠能、中御門経之《なかみかどつねゆき》、松平春嶽、山内容堂、島津茂久、浅野長勲《ながこと》、参与が大原重徳《おおはらしげとみ》、万里小路博《までのこうじひろ》房《ふさ》、長谷信篤《ながたにのぶあつ》、岩倉具視、橋本実梁《さねやな》、他に薩摩、土佐、芸州、越前の四藩から各三人ずつ任命するというものである。

慶喜、容保、定敬は完全にはずされ、代わって尾張の徳川慶勝、越前の松平春嶽、土佐の山内容堂が巧妙に取り込まれた。

この知らせが入った時、会津藩兵の怒りが爆発した。一方的に土地と人民を朝廷に返せというのだ。

「なんだ、これは」

佐川官兵衛が怒声をあげた。

内藤介右衛門、梶原平馬も、

「このようなこと、許されるか」

と叫んだ。

容保は、会津がいかに不当な扱いを受けたかを知って、胸が張り裂ける思いだった。

「殿ッ、もはや一戦交えるしかございませぬぞ」

二条城内を埋め尽くした兵士たちは、抜き身の槍をつき立てて叫んだ。

直右衛門も、

「薩長らが幼冲の天子を擁し奉り、私意を遂げんとするに相違なし。当今の急務は君側《くんそく》の奸《かん》を取り除くことである」

と容保に迫った。

容保はめまいするおのれを必死に抑えながら、兵士たちの怒りを聞いていた。

第六章　鳥羽伏見の激闘

殺気充満

二条城の一室で、容保はこれからどう処すべきか、苦しみ続けた。まさかこういう事態になるとは夢想だにしないことだった。

西郷頼母のことが脳裡をかすめた。頼母の言う通りになったことに、胸が痛んだ。

会津藩は政変の翌日から婦女子、老人の帰国を始めた。不測の事態が起こるとの判断である。国もとを固める必要もある。田中土佐が残り、神保内蔵助、萱野権兵衛が、あわただしく帰国した。

会津藩の一部帰国は、あっというまに広がり、噂は噂を呼び、市民も荷物をまとめて郊外へ脱出を始めた。

二条城には将軍慶喜がいる。

老中板倉勝静もいる。陸軍歩兵奉行・竹中丹後守もいる。しかし、なにから手をつけていいかわからず、右往左往している。

二条城の混雑は名状すべからざる有り様である。旗本、幕府歩兵五千余、会津二千弱、桑名藩兵千五百余が甲冑に身を固め、抜き身の槍をつき立て、草鞋ばきで、狂気のようにわめいている。

殺気が充満し、老中格の松平豊後守や陸軍奉行・竹中丹後守も、即決戦を叫び、

「奸邪を討って君側の奸を払うことに、何の異議ありや」

と声高に慶喜に迫り、会津藩兵も即出動を求め、騒ぎは大きくなるばかりである。ことここに至った以上、容保も逃げられない。

「余も戦うぞ」

容保は重臣たちに、決意を示した。大砲隊長の林権助、別選隊長の佐川官兵衛も割れ鐘のような声をあげ、政変の真っただ中に、ヨーロッパから帰国した山川大蔵《やまかわおおくら》も腕をさすった。

ところが慶喜に会って、容保は愕然とする。

「肥後、余は戦いを好まぬ」

というのである。

「ここで戦えば朝敵になる。のみならず外夷の干渉を生じ、余が政権を返上し、万国並立の国威を建てようという願いも水泡に帰す」

容保は唖然として慶喜を見つめた。

「それでは家臣たちをなだめることはできませぬ」

「そこを説得する。春嶽も、そう申しておる。春嶽がいう以上、余も聞くしかない」

慶喜は春嶽のせいにした。松平春嶽が寝返ったことは、周知の事実である。春嶽が二条城に姿を見せたとき、

「裏切って、幕府を滅ぼす気か」

ありとあらゆる悪口が、春嶽に浴びせられたが、慶喜だけは将軍の意地を示してくれると容保は信じていた。期待を裏切られ、容保は困惑した。

慶喜は戦わないという。どうしたらいいのだ。容保は言葉を失った。

「将軍のご意向とあれば、いたし方ござらぬな」

田中土佐が助け船を出した。

土佐は皆を集めて、その意を伝えたが、誰一人、聞く耳持たずである。

「たわけめが」

藩兵たちはますます激昂し、あれほど一枚岩を誇った会津藩に、信じがたい不協和音が生じた。

慶喜の脱出を止めろと、林権助や佐川官兵衛は城門をふさぎ、容保の説得にも耳を貸さない。

「このまま引き下がっては、武士の面目が立たぬ。たとえ将軍が江戸に帰ろうが、我が会津は断固ここに残り、全員、火の玉となって戦う」

と吠えた。

容保は進退極まった。藩論をまとめることができない。

頃合いをみて慶喜が、

「余に考えがある。いまはいえぬが、汝ら憂うことはない。ここはひとまず大坂に行く」

と、日没を待って容保、定敬、板倉勝静ら重臣を従え、二条城の裏門から脱出した。

京都の落日

もはやどこから見ても落人《おちうど》だった。一行は夜通し歩き続け、翌十三日夕刻、大坂城にたどりついた。かくて京都は無血のまま薩長軍の手に落ちた。

京都で戦えば、勝算はあった。薩摩の西郷は、それを最も恐れた。しかし、将軍不在のまま戦さはできない。幕府軍はむざむざ勝利のチャンスを逸した。

会津藩公用方は、この時、至急便として容保名の次の親書を国もとに送っている。

長州は先年から尊王攘夷に託して実は不軌の志をいだき、王室を誘い、幕府を欺き、その罪は枚挙にいとまがない。ついには大兵を挙げて朝廷を襲い、銃丸が御所にまで及んだ。天皇は大いに逆鱗し、将軍も深くこれを憎んだが、寛典により、わずかに官位の剥奪を受けたにすぎなかった。

しかるに天皇崩御、将軍大葬が続く国家多難の隙に乗じ、勿体なくも幼帝をあざむき、官位を私し、先帝の怒りを蒙った公卿を用い、大樹、我が公、桑名公の職を免じた。これは、先帝の意ではないことは明白である。大悪無道の至りである。

我が公、多年の精忠は、空しく水泡となり、残念というも愚かなことである。主君が辱められた時、家臣は死を覚悟しなければならない。朝廷に対し弓を引くことは、すべきではないが、奸邪《かんじゃ》の徒が天皇をあざむき、攻撃を加えるならば、関東と力を合わせ、義兵を挙げて君側の奸悪を除かざるを得ない。

我が藩の士民、貴賤、上下なく藩祖以来の恩を受けた面々は、この意を理解し、力を合わせ、心を一つにして兵を起こせば、国家の賊を誅滅し、武威を天下に輝くことになる。

日夜肝に銘じ、寸時も忘れることなく、国論を一つにし、万人の心が一つになれば、我が公の精忠、天下を貫き、神明の加護を得て、青天白日《せいてんはくじつ》を仰ぐことになろう。たとえ死すとも癘鬼《れいき》となって、奸賊を滅絶する心のない者は、天地の神の怒りにふれよう。

激しい怒りが全文にあふれた布告だった。

大坂へ落ち延びる道筋、容保はおのれの姿に自嘲した。前を行くのは、仮にも直前まで、将軍の座にあった徳川慶喜である。

容保とて、京都守護職として君臨し、孝明天皇の寵愛を一身に受けた身である。それが何故、逃げるようにして、大坂へ落ち延びねばならぬのか、容保の頬を涙が伝わった。

この姿をイギリスの外交官アーネスト・サトウが見ていた。

サトウの手記

私たちが、ちょうど城の壕に沿っている往来の端まできたとき、進軍ラッパが鳴りひびいて、洋式訓練部隊が長い列をつくって行進してくるのに合った。部隊が通過するまで、私たちは華美な赤い陣羽織を着た男の立っている反対側の一隅にたたずんでいた。この部隊が去ったあとから、異様な服装をした兵士の一隊がつづいた。この兵士の中には、背中の半分までたれた長い黒髪や白髪の仮髪《かつら》のついた陣笠をかぶった者もあれば、水盤型の軍帽や平たい帽子をかぶった者もいた。武器も長槍、あるいは短槍、スペンサー銃、スウィス銃、旧式銃、あるいは普通の両刀など、さまざまだった。

その時、あたりが静かになった。騎馬の一隊が近づいて来たのだ。日本人はみなひざまずいた。それは慶喜と、その供奉の人々であった。私たちは、この転落の偉人にむかって脱帽した。慶喜は黒い頭巾をかぶり、普通の軍帽をかぶっていた。見たところ、顔はやつれて、物悲しげであった。彼は、私たちに気づかなかった様子だ。これに引きかえ、その後に従った老中の伊賀守《イガノカミ》と豊前守《ブゼンノカミ》は、私たちの敬礼に答えて快活に会釈《えしゃく》をした。会津侯や桑名侯もその中にいた。そのあとからまた遊撃隊《ユーゲキタイ》が続いた。そして行列のしんがりにはさらに多数の洋式訓練部隊がつづいたのである。(『一外交官の見た明治維新』)

アーネスト・サトウは、薩長を支持し、幕府の転落に加担して来た一人である。天皇を擁いた方が、どうやら日本の統治者になれる。サトウは、そう分析していた。

宮廷クーデターが実施され、幕府、会津が宮門からはずされた瞬間、イギリス公使館は、早くも勝負があったと見たのである。

アーネスト・サトウの秘書野口富蔵は、会津藩の出身で、会津は富蔵を通じてイギリスの情報を得ていた。

時には梶原平馬や倉沢右兵衛、河原善左衛門らがサトウに接触、会津藩を理解してくれるよう努めたが遅かった。

慶喜や容保は、このあと諸外国の外交官と大坂城で接見、日本の主権は旧幕府にあると語ったが、イギリスは冷ややかで、効果はなかった。

「この五月には気位も高く態度も立派だったのに、こんなに変わり果てたかとおもうと、同情の念を禁じ得なかった。眼前の慶喜はやせて、つかれて、音声も哀調をおびていた」

サトウはこう続け、容保については、

「年のころ三十二歳ぐらい、中背でやせており、かぎ鼻の浅黒い人物だった」

と記した。

薩摩藩邸炎上

容保は連日の心労で、顔色が悪く、田中土佐ら重臣たちは憂色を深めた。

大坂城に入った容保は、悪寒《おかん》に襲われ、体がゾクゾクし、ふるえが止まらない。

容保は、体を丸めて、大坂城の奥室に臥せった。

「殿、お薬を」

小姓頭の浅羽忠之助が、小まめに世話を焼いた。側室が帰国して以来、容保の周囲に女性はいない。

容保は忠之助が調合した「葛根加半夏湯」を飲んだ。体が温まり、しばらくすると眠気に襲われ、いつの間にか寝込んだ。

会津藩の重臣たちにとって、容保の不調は、なんとも陰鬱《いんうつ》であった。主君に指示を仰ぎ、その裁断で行動する時代ではない。しかし、どこかで主君に頼りたい気持ちはある。誰も口には出さぬが、会津藩重臣の表情に深い陰りがあった。

薩摩の西郷は、慶喜が大坂に逃げたことで勝利を確信した。こうなれば、何が何でも戦端を開き、慶喜と容保を叩き潰さねばならない。

西郷は薩摩の江戸藩邸に多くの浪士をたむろさせ、関東周辺で略奪行為を行ない、挑発にでた。幕府老中・稲葉正邦《いなばまさくに》は武力鎮圧を決断し、江戸市中取締、庄内藩主・酒井左衛門尉に薩摩藩邸の攻撃を命じ、これを炎上させた。

この知らせが、大目付・滝川具挙《たきがわともたか》によって知らされると、大坂城中はたちまち討薩一色となった。

大坂決戦の火ぶた

旧幕府軍は歩兵十三大隊、砲二十二門を主力に会津、桑名、高松、大垣、四国松山藩兵を加え、約一万五千、対する薩長軍は薩摩三千、長州千を主に、在京の諸藩を入れて五千である。

「かくなる上は、君側《くんそく》の奸を蹴散らしてくれようぞ」

慶喜は大広間に将校を集め、毅然たる態度でいった。京都で決戦にでれば、十分に勝機があったのを優柔不断な態度で決断を遅らせた。今となっては不利な状況下にあったが、待望の慶喜の演説に皆、歓喜した。

慶喜の演説は、並みいる人々をいつも魅了した。秀でた額、形のよい鼻、明るく鋭く輝く目、引き締まった口もと、自信にみちた表情で語る慶喜は、将軍の威厳にみち、大広間は興奮の渦に包まれた。

容保も感銘を受けた。

これで会津も身命を賭して戦える。容保のか細い体に熱い血が流れた。

戦えば間違いなく、都をとり戻すことができる。ぶざまな形で追い出された屈辱を晴らし、容保はふたたび、京都守護職に返り咲くことができよう。容保はひそかに期待した。

正月二日、旧幕府、会津を主力とする旧幕府軍は、大津、黒谷、大仏、二条城、伏見、鳥羽街道、淀本営と、それぞれの持ち場に向かって進軍を開始した。

会津藩先鋒は田中土佐、内藤介右衛門を陣将に上田八郎右衛門、田中八郎兵衛、佐川官兵衛らの諸隊、林権助、白井五郎太夫《しらいごろうだゆう》の砲兵隊、合わせて約千三百である。

容保は進軍に際し、御用部屋に諸隊長を集め、必勝を期するよう励まし、天守閣から堂々の出陣を見送った。

城内の会津藩軍事方には、梶原平馬や公用方の手代木直右衛門、広沢富次郎、秋月悌次郎らが詰め、幕府陸軍局とたえず連絡をとり、情報の収集にあたった。

若干の不安はあったが、旧幕府の威力に恐れて薩長軍は退散するだろうと、楽観視する空気すらあり、容保にも深刻さはなかった。

「忠之助、先帝からの御宸翰をこれへ」

容保は小姓頭の浅羽忠之助から御宸翰の筒を受けとり、うやうやしく書状をとり出した。これこそが帝に忠勤を励んだなによりの証である。誰がどういおうと、容保は忠義の臣なのだ。

「孝明帝、私をお護り下され」

容保は御宸翰を握りしめた。

戦いは三日夕刻から始まった。

朝廷への使者、大目付・滝川具挙が佐々木只三郎の京都見廻組に護衛されて淀を出発、薩摩兵が守る京都への関門、赤池に差しかかった。

「入京する」

具挙が薩摩の監軍に申し入れたが、

「朝廷に伺い、許可が出なければ、通行は許さぬ」

との一本槍で、夕刻になった。

「もはや待てない。強行して入京する」

「我ら、この地を守るは朝命なり。臨機の対応をいたす」

薩摩兵が一歩退き、具挙が前に進んだ時、薩摩軍のラッパが鳴り響き、轟然と大砲が放たれ、小銃の弾がばらばらと飛んで来た。

不意打ちである。

京都見廻組は抜刀して斬り込んだが、そこに雨霰と銃弾が注ぎ、たちまち大混乱に陥った。後続の幕府陸軍もすぐには戦闘態勢をとれず、そこへ砲弾が撃ち込まれ悲鳴をあげて逃げまどう信じられぬ敗退を喫した。

唯一、林権助の砲兵隊が立ち向かった。林隊は隊長以下、医師も含め百三十三名で編成されており、砲三門を全開して応戦した。しかし、ここへもたちまち集中砲火が浴びせられた。

伏見でも、戦いの火ぶたが切って落とされた。ここには会津藩・白井五郎太夫の砲兵隊がいる。白井隊は皆、白足袋をはき、前方の敵に大砲を放って踏みとどまったが、鳥羽方面は総崩れとなり、兵が陸続として逃げてくる。

大坂城の陸軍局は、意外な事態に騒然である。一部で勝利したところもあったが、大半は敗れ、白井五郎太夫も全身に砲弾を浴びて戦死、組頭の海老名郡治《えびなぐんじ》も重傷を負い、前線からは援軍を求める声が相次いだ。

「忠之助、戦況を見て参れ」

容保はたまらず忠之助に命じた。容保は事態を理解できなかった。フランス陸軍の指導のもとに編成した伝習歩兵が、どうしてこうももろいのか。

「わからぬ。わからぬ」

容保の全身に悪寒がこみあげた。聞けば慶喜は奥に閉じこもり、妾の看護で臥せっているという。

容保はいい知れぬ不安に、さいなまれた。

五日の午後、弟の定敬が容保のもとを訪れ、大広間で慶喜の演説があると告げた。

慶喜の大芝居

大広間には戦争の匂いがただよっていた。将兵たちの衣服は血と泥でよごれ、髭はのび、髪は乱れ、目をぎょろつかせている。

戦いの苦しさが一目でわかり、容保は身をすくめた。

「事ここに至り、慚愧《ざんき》に堪えない。しかし、たとえ千騎戦没して一騎となるとも退くべからず。汝らよろしく力を尽くすべし。もし、この地敗れるとも関東あり、関東敗れるとも水戸あり。決して中途でやめることはない」

慶喜の演説はさえ渡った。

万座にどよめきが起こった。会津藩では紀州徳川家に援軍を求めて、難局の打開にあたることを決め、横山伝蔵が急遽、紀州和歌山へ馬を飛ばした。しかし、薩長軍に錦旗があがったと、衝撃的な知らせが入ると、慶喜は見る見る動揺した。

容保側近の一人、家老内蔵助の嫡男神保修理《しゅり》が、

「ここに至っては、もはやせんかたなし」

と、戦況を報告したことも慶喜の心を変えさせた。強硬に戦いを主張したのは会津である。その会津藩家老の嫡男が「せんかたなし」といっている。これを利用しない手はない。慶喜は得意の豹変《ひょうへん》にでた。

修理を出しに使うとは汚いやりかただった。

慶喜は責任を会津になすりつけ、江戸へ逃げ帰ることを考えた。

翌六日、慶喜はふたたび大広間に将兵を集めた。将兵たちは異口同音に、

「少しでも早く御出馬なさるべし」

と慶喜に強く求めた。

「されば、これから出馬致す。皆の者、用意を致せ」

慶喜は、こう叫び、全軍に出動を命じるや、別室に老中の板倉勝静と大目付に転じた永井尚志を招き、

「余は帰る」

と耳打ちした。

板倉は怪訝《けげん》な顔で慶喜を見たが、負け戦さに気も動転し、どのようにしていいか判断がつきかねている。永井も同じだ。勝海舟や小栗忠順など戦略家が上京していないため、どう判断していいかわからない。

「いいな」

慶喜は念を押し、

「容保と定敬を連れて参れ」

と命じた。

慶喜が東帰するといった時、容保は気を失わんばかりに驚いた。ついいましがた全軍に戦えと命じたばかりではないか。

「なに故に」

「江戸で再挙を図る」

慶喜は闇に紛れて、大坂城から脱出を指示した。

容保は迷った。家臣に告げれば、たちまち城中は大混乱になり、脱出は不可能となる。かといって傷つき倒れている部下を見捨てて、おのれだけが逃げ帰ることができようか。

「私は行けませぬ」

容保は断った。

「そちが残っては、いつまでも戦が続く。余は戦などしたくないのだ。さあー、早く致せ」

慶喜は強い口調でいい、どんどん歩いて行く。

容保は、慶喜の威圧に押されて、とぼとぼとついていった。

容保の欠点は慶喜の前に出ると、蛇に睨まれた蛙のようになってしまうことだった。最も大事なのは慶喜ではなく戦場で戦っている部下たちのはずだった。それは十分に分かっているのだが、自分を律することが出来なかった。

夢遊病者

容保は夢遊病者《むゆうびょうしゃ》のように、ふらふらと慶喜に従った。御宸翰も忠之助に預けたままだ。このことさえ忘れている。正常な意識を瞬間的に失ったのである。

後門で、

「何者ッ」

と衛兵にとがめられたが、

「御小姓」

と答えると、すんなり通され、一行十数人は、真っ暗な大坂湾から天保山に舟を漕ぎ出した。大坂町奉行の松平大隅守が慶喜の密命を受け、大坂湾に小舟を用意していたのである。

夜に入って風が強まり、浪が高く、小舟はおもうように進まない。暗くて開陽丸がどこにいるのか、見当がつかない。

止むをえず近くに停泊していたアメリカの砲艦に漕ぎ寄せた。

こんなこともあろうかと、慶喜はアメリカ海軍への紹介状を懐に忍ばせている。計画的な脱出だった。

一行のなかに外国奉行並の山口駿河守がいたことも幸いし、砲艦に乗り込むことに成功した。

容保は、

「定敬、余のしていること、家臣たちに申し開きができぬ」

と頭をかかえ、艦長が差し入れたウイスキーをたて続けにあおった。胃のあたりが焼けつくように痛み、頭もガンガンし、海に飛び込みたい衝動にかられる。

「兄上、どうなされた」

定敬に肩を叩かれ、はっと我に返る始末である。もはや、なるようにしかなるまい。

どうにもならない自分をあざけり、容保は虚ろな目で、宙を見続けた。

一人きりの帰還

翌七日、アメリカ軍艦のボートが開陽丸に向かい、

「さる高貴なお方が、来艦されているので、迎えに来られたい」

と告げ、開陽丸から三隻のボートが迎えに来た。

「これで江戸へ帰れるのか」

容保は、もう観念していた。

開陽丸は、見上げるような大艦である。旧幕府がオランダに発注した最新式の軍艦で、艦長は榎本武揚。士官の多くはオランダに留学し、軍艦操練を学んだエリートである。榎本は作戦打ち合わせのため上陸していて、不在であった。

副艦長沢太郎左衛門《さわたろうざえもん》は、艦長不在を理由に出帆を断ると、慶喜は、

「余の命令を聞けぬのか」

と一喝、ただちに江戸へ向かうよう命じた。

軍艦には女を乗せぬしきたりだったが、一行には奥女中や慶喜の妾もいて、艦長室や士官室を占拠し、なにやら物見遊山の風情である。

沢はあまりのことにあきれはて、これで徳川も終わりと直感した。しかし、将軍の命令に逆らえない。

八日夜、慶喜にせかされるまま、江戸に向け出帆した。

容保は船室をゆるがす機関の音が気になり、眠れなかった。隣に定敬がいるので、少しは気もまぎれたが、田中土佐や林権助、佐川官兵衛たちの顔が脳裏をよぎり、何度もうなされた。

差し入れの酒で過敏な神経を休ませたが、明け方になって、艦はうねりの中に突っ込み、容保は、ゲエゲエ吐いて、七転八倒の苦しみである。

やがて夜が明け、恐る恐る甲板に出て見ると、陸地はどこにも見えず、艦は大洋の真っただ中を波しぶきをあげて走っている。甲板にはずらりと大砲が並び、これを使うことなく、江戸へ逃げ帰るおのれの姿に、ますます滅入った。

風は刻々強くなり、十日には八丈島の北五、六里の方角に流され、肝をつぶしたが、昼すぎには風が弱まり、十一日夕、ようやく江戸湾に入った。

この夜は船中泊。翌朝、品川の浜御殿に上陸した。御殿には勝海舟が、仰天した顔で出迎えていた。

「お前さんがた、何をしたのかえ」

海舟の毒舌を皆黙って聞いた。

容保は話す気力もなく、押し黙ったまま慶喜に続いて江戸城に向かい、和田倉門の会津邸に入った。

突然、一人で帰ってきた主君を見て、家臣たちはびっくり仰天、その意味が分からず、皆、唖然呆然、無言で容保を迎えた。

これからどうなるのか、皆の表情は湿りがちだった。口を利く人もなく、皆だまりこんだ。

傷心の会津藩兵が江戸に戻り始めたのは、十五日頃からである。山川大蔵や外島機兵衛、大野英馬、南摩八之丞らが八方手を尽くして負傷者を天保山に運び、翔鶴、順動、富士山の旧幕府軍艦に乗せ、江戸へ送った。

二十日頃には大半の藩兵が矢折れ刀尽き、身も心もずたずたになって東帰した。

怒りの会津藩士

負傷者は芝新銭座に収容、フランス医ハルトマンを雇い、治療に当たらせたが、容保逃亡の衝撃は大きく、首脳部批判が渦巻いた。

容保が慶喜とともに見舞いに行った時、そのことが爆発する。

容保の身辺を警護して来た別選隊士の高津《たかつ》仲三郎《ちゅうざぶろう》が、突然、大声でかみついた。容保にではなく慶喜を批判したのだが、それは容保に向けられたも同然であった。

「陪臣微賤《ばいしんびせん》の身ながら、はばからず申し上げる。鳥羽伏見の戦いで、一死も惜しまず奮戦苦闘したのはひとり会津藩士のみである。しかるに御旗本の兵は、雲霞《うんか》のごとき大軍なのに、敵に背を見せ、踏み止まって戦うものが一人もいない。ついには敗軍となり、残念至極にたえない。

しかるに公は大軍を見捨てられ、にわかに大坂城を引き揚げられたのは、いかなるお思し召しか。恐れながら近頃の御失策、幕府の末路《まつろ》も、もはや今日に迫ったといえましょうぞ」

仲三郎は重傷の寝床から起き上がり、とうとうと述べた。

お付きの会津藩重臣は仲三郎の大胆な直言に肝を冷やし、慶喜も容保もいうべき言葉を失い、すごすごと病室を出た。

容保の東帰は慶喜の命令である。これ以上、この問題に触れてはならぬと、田中土佐から藩士一同に厳命が下ったが、それで収まるはずもない。東帰をすすめたという神保修理に非難が集中した。

「修理を殺せ」

藩兵たちは酒をのんで爆発し、もはや誰も止めることはできない。容保は、いまさらながら逃亡の罪の大きさを知り、絶望的な気持ちになった。

京都時代から君主としての役を、十分に果たせなかったが、今回のことで、藩兵たちの見る目も一段と冷ややかになり、容保の権威は地に墜ちたも同然だった。

「修理の切腹は、免れませせぬ」

家老の梶原平馬がいった時、容保は目の前が真っ暗になった。

修理は慶喜に利用されたのだ。容保は、そのことを知っている。しかも修理は苦労をともにした家老神保内蔵助の嫡男である。まだ三十歳、これからだというのに、修理を救うことができない。

「修理の処刑は許さぬ」

と毅然たる態度でいえないのだ。

部下をかばい切れぬ、おのれの無力さに号泣した。

第七章　無念の帰郷

みちのくの連合

会津に帰った容保は、なかば呆然とし日々、無言だった。

天守閣から磐梯山を見つめ、なぜもっと早く戻らなかったのか後悔の日々だった。

容保を追いかけるように、奥羽鎮撫総督府の一行が、仙台に入り、仙台藩一手で会津を討てと命令した。

幕府が恭順した以上、会津藩も恭順に変わりはない。尾張藩主は容保の実兄である。尾張藩はもとより、松平春嶽、山内容堂、ありとあらゆるルートを通じて天皇家に恭順の意志を伝えた。しかし、長州藩参謀世良修蔵《せらしゅうぞう》は、容保の切腹以外に会津の取るべき道はないとことごとく否定し、仙台藩に会津攻撃を命令し続けた。

武士道の論理からいって主君の首を出す家臣は存在するはずはない。

それを百も承知の無理難題だった。

見かねた仙台、米沢の両藩が、仲に入り、容保の助命嘆願を奥羽諸藩の名前で鎮撫総督府に提出した。

世良がにべもなく拒否するや、怒った仙台藩士が世良を斬殺、奥羽列藩同盟が結成された。

仙台藩士玉虫左太夫、若生文十郎が、会津鶴ヶ城に姿を見せ、容保を励ましたのはこの頃である。世良修蔵の暗殺以来、奥羽諸藩は急速に盛り上がりを見せ、東北あげて新政府軍と一戦を決する機運となった。

容保にとって信じがたい展開だった。

やがて越後の諸藩も加わり奥羽越列藩《おううえつれっぱん》同盟に拡大する。

同盟の今後を占う鍵は、白河の戦闘だった。

古来、白河の関は、みちのくの関門である。藤原清衡は、ここから北を支配し、古代東北国家、平泉《ひらいずみ》政権を擁立した。いまふたたび白河から北に、新しい政権が誕生した。

薩長政権も東北政権も、ともに軍事国家である。戦いに勝利した方が、日本を統治する天下分け目の戦いになる。

容保は胸の高なりを覚えた。

白虎隊の洋式訓練

二の丸の練兵場からラッパの音が響いた。白虎隊の訓練である。容保は天守閣を下りて、三の丸に足を運んだ。

白虎隊は容保の身辺を守る親衛隊として結成され、フランス士官から訓練を受けた旧幕府陸軍の畠山《はたけやま》五郎七郎《ごろうしちろう》、布施七郎《ふせしちろう》、梅津金弥らが来て、指導に当たっていた。勉強を見るため、仏学士・林正十郎《はやしせいじゅうろう》、英学士・渡部誠二も来ている。

江戸では、ざんぎり頭が流行しており、引き揚げて来た少年たちの中には、マゲを切った子供もいた。

フランス語や英語の研修のため、白虎隊を除隊させた赤羽四郎《あかばねしろう》、山川健次郎、高木盛之輔らを除いて、十六、七歳の少年たちはすべて、白虎隊に採用され、訓練に励んでいた。訓練生は会津だけではない。米沢藩からも数十名来ていた。色部、竹股などの重臣の子弟も入っており、会津の少年たちを圧倒するような熱心さである。

ざんぎり頭に洋服姿、手にゲベル銃を持ち、

「オン、ツー、トロア、カァール、小隊とまれ」

と、なまりの強いフランス語で、歩行訓練の最中である。

容保の姿を見ると、全員が立ち止まり、中隊頭の千葉権助が、

「殿に敬礼ッ」

と、号令を掛けた。少年たちの挙手の礼は、実に初々しい。

このような洋式部隊が早く出来ていれば、鳥羽伏見も、むざむざ敗れることもなかったのに、容

保は、そんなおもいで少年たちを見つめた。

白虎隊は士中一番・二番隊、寄合一番・二番隊、足軽一番・二番隊の六隊があり、目の前にいるのは、士中一番隊である。のちに飯盛山で自刃するのは二番隊で、この日は訓練を休んでいる。

これに幼少士中隊、幼少寄合組隊を加え、その数は二百五十人ほどである。

この子らを戦場に出したくはない。容保はおもったが、城下に敵が侵入するに及んで、少年たちから多数の死傷者を出すことになる。

白河惨敗

白河の戦闘が始まったのは、閏四月二十五日である。

薩長軍の第一次攻撃隊が栃木の大田原から白河に進撃した。これは前哨戦で、会津兵と旧幕府の純義隊が撃退した。

五月一日、両軍の激しい砲撃が白河の山野に轟いた。同盟軍は約二千五百。総督西郷頼母、副総督横山主税を長とする会津軍千五百と参謀坂本大炊《おおい》、副参謀今村鷲之介《わしのすけ》、大隊長瀬上主膳《しゅぜん》、佐藤宮内《くない》ら約千の仙台兵と棚倉藩兵、旧幕府純義隊の混成部隊である。

会津藩は砲二門、仙台藩は砲六門を周辺の丘陵にあげ、薩長の襲来を待った。対する薩長軍は薩摩、長州を主力に忍一小隊、大垣一中隊を加えた約七百の鉄砲隊で、右翼、中央、左翼の三隊に分かれて、白河城に迫った。

中央の稲荷山は仙台藩の守備である。大砲を放ったことが逆に目印になり、ここに二十ドイム臼砲が撃ち込まれ、仙台藩砲兵隊陣地を吹き飛ばした。同盟軍にとって、信じがたい誤算である。仙台藩自慢の砲六門が緒戦で壊滅した。

左翼の立石山《たていしやま》は会津藩の日向茂太郎《ひゅうがしげたろう》が守っていた。会津はここに七つの堡塁《ほうるい》を設け、大砲で応戦し、いったんはしりぞけたが、深追いして日向が射抜かれた。

一方、右翼の雷神山《らいじんやま》で、意外なことが起こった。薩摩四番隊が疾風迅雷《しっぷうじんらい》、攻め上って山頂を押さえ、応戦に来た同盟軍の兵士を上から狙撃した。

同盟軍は数を頼って、見張りに手抜かりがあり、周囲の山林にひそんで狙撃する銃隊に、指揮官がねらい撃ちされ、大混乱に陥ったのである。

西郷頼母を総督に選んだ容保と平馬の失敗である。頼母は、敵が国境に迫るに及び、戦うしかないと白河の確保を誓った。残念ながら頼母に近代戦の経験がない。副総督の横山主税もフランスから帰ったばかりで、戦を知らない。

小森一貫斎、一柳四郎左衛門《ひとつやなぎしろうざえもん》、海老名衛門《えびなえもん》、小松十太夫ら鳥羽伏見の勇士に託したが、全軍を統括するにはいたらず、会津軍は副総督横山主税以下、三百余を失い、白河を乗っとられる惨敗を喫した。
仙台藩も目もあてられない負け戦で、参謀坂本大炊、軍監姉歯武之進《あねはたけのしん》ら百人余が命を落とした。

言葉も失う大惨敗

白河の敗報は、その日の夕刻、鶴ヶ城に入った。負傷兵が陸続と藩校日新館の軍事病院に運ばれ、嘆き悲しむ家族のすすり泣きが城下に満ちた。

たった一日の戦闘で三百もの犠牲者を出すとは、なんたる無為無策、容保はうめき苦しむ怪我人を見舞いながら言葉もなかった。

越後の戦線に佐川官兵衛、日光口に山川大蔵を出していたため、他に人材が見当たらず、西郷頼母に託した結果の惨敗である。容保の温情がアダになったのだ。

同盟軍は薩長軍を西軍、あるいは官賊と呼んだが、彼らは小銃、大砲を主とする戦法である。対する同盟軍は依然として刀槍から抜け切らず、仙台藩兵のなかには、甲冑に身を固め、旗差し物を背負う一団すらあった。これでは動きが鈍く、すぐ標的になる。

会津藩兵も奥羽越列藩同盟が成ったことで安堵し、油断していた。しかし、士気が充実し万全の見張りをしていたとしても、兵器の差はいかんともしがたく、誰もが唇を噛みしめ呆然とたたずむほかはなかった。

隠居役として第一線を退いた神保内蔵助と田中土佐も日新館に駆け付け、あまりのことに言葉を失った。

若い家臣たちは、血気にはやり、白河城奪回を叫んでいる。奥羽だけではない。越後もついたが、負け戦になれば逃げ出すに決まっている。会津と庄内を除いて、所詮は他人事なのだ。人生経験に富む二人には、そんなおもいがあった。

なかでも内蔵助に強い危惧があった。内蔵助は京都、江戸、会津と駆け回り、時には戦いを指揮し、時には火の車の台所を支えた。だが、その労はむくわれず、最愛の息子も命を落とした。言葉にはださないが、息子修理は主君の身代わり、いわば殉死である。敵が会津に迫れば、勝敗は見えている。そうなれば息子の死は、犬死にではないか。内蔵助は傷心の西郷頼母を訪ね、言葉の端々に容保の甘さを指摘し、藩の行く末を嘆いた。

そうしたおり、内蔵助や土佐がおもうのは、行方不明になっている富次郎のことである。

あれがいれば、何か策をあみだしたに違いない。

富次郎は西郷隆盛に面会を求め、江戸の薩摩藩邸に出向き、捕らえられて、獄舎につながれてしまったのである。

西郷頼母、河原善左衛門ら非戦を唱えた人は何人かいたが、直接行動にでたのは、富次郎一人である。

敗れた後で、どうこう論じてもすべてはむなしい。兵器の更新とて、右から左にというわけには行かない。

「せんなきことだ」

内蔵助は自嘲した。

容保は戦死者の家にも出向いた。どこに行っても身を切られる思いだったが、戦死した横山主税の家では、万感胸に迫り、言葉に詰まった。

横山はヨーロッパ各国を見てきた会津藩の若き武将である。主税は容保にとって、父親同然の恩人であった。主税には若い妻と幼児が残された。

「主税、許せ」

容保は主税の霊前で、号泣した。

以来、容保はしばしば夜中に目を覚ました。側室が、

「どうなされました」

と、びっくりしてのぞいた。

ひどい汗をかき、うなされていた。いらだつ心を抑えようと、酒ものんだ。辛い日々が続いた。

容保の心を少しなごませたのは、白河城の薩長軍に新たな動きがなく、越後と日光口が善戦して

いることだった。

越後には会津藩の領地があり、阿賀野川沿いの水原に一瀬要人を総督とする約一千の軍勢を送っている。ここから佐川官兵衛の朱雀士中一番隊が小千谷方面に出動し、長岡の河井継之助《かわいつぎのすけ》とともに薩長軍と対峙、一歩も引けをとらぬ戦いを見せていた。

越後は会津藩の大事な補給路である。軍事顧問のスネル兄弟が調達した武器、弾薬を新潟港から陸揚げし、会津へ運んでいた。薩長の鉄砲隊に立ち向かうには、最新式の小銃や大砲が一挺でも多く欲しいのだ。

酒田の豪商本間家が資金調達に当たり、箱館経由で運んでくれることも大きい。梶原平馬は何度も新潟に行き、この辺りの調整にあたった。

戦いは文字どおり総力戦である。どのようにして資金を調達するか、外国を味方に付けることも大事であった。

二人の帝

軍事顧問のスネル兄弟が、最初に登場するのは万延元年（一八六〇）五月である。横浜のオランダ借地人のなかに、その名があった。兄弟は会津藩だけではなく、米沢、庄内、長岡とも取り引きし、その額は膨大なものがあった。

三月二十三日にライフル銃七百八十挺を七千二十ドルで会津藩に売却したのを手始めに、米沢藩に十一万六千六百六十ドル、庄内藩に五万二千五十八ドル、長岡藩から九千両を受けとっている。ドルの決済は生糸、蚕種で行なわれ、これらの貿易を容易に行なうために、仙台藩芦名靱負《あしなゆきえ》、米沢藩色部長門《いろべながと》、会津藩梶原平馬、庄内藩石原倉右衛門《いしはらくらえもん》、長岡藩河井継之助の名でアメリカ、イギリス、フランス、ロシア、オランダなど各国公使に書簡を送り、新潟で会談を開きたい旨の申し入れも行なった。

実際に書類を持参したのは、七月になってからだが、アメリカ公使ヴァン・ヴォールクンバーグは、

「いまや日本には、一人の大君の代わりに二人の帝がいる」

と北方政府の存在を認め、北方が勝つ公算も十分にあると述べた。

アメリカ公使が日本に二人の帝がいるといったのは、輪王寺宮《りんのうじのみや》のことである。会津藩公用方の重臣だった小野権之丞《おのごんのじょう》は、ひそかにある計画を練っていた。

奥羽越列藩同盟に、新たな天皇をいただく構想である。日本の歴史を見れば、かつて南北朝があった。後醍醐天皇の南朝に対し、足利尊氏が擁した北朝である。この時代が五十七年間も続いている。

輪王寺宮は孝明天皇の弟君、伏見宮《ふしみのみや》第九皇子で、上野寛永寺におられた。上野の山で戦争が始まり、宮を守る彰義《しょうぎ》隊が敗れるや、薩長兵の目を逃れて羽田沖の榎本艦隊に身を寄せ、奥羽を目指して北上していたのである。

権之丞は一足さきに会津に入った上野寛永寺の僧覚王院義観《ぎかん》から、この情報を得、仙台、米沢に飛んで同盟軍の帝にいただくことを画策、常陸の平潟《ひらかた》で、宮が乗った長鯨丸の入港を待った。

五月二十六日昼、長鯨丸が平潟の港に入った。弱冠二十歳。白木綿の単衣に白羽重の袷、墨染めの法衣、手甲、脚半、草履ばき姿の宮は、船旅の疲れも見せず、にこやかにおり立った。

権之丞は胸もつぶれんばかりに感激して宮を迎え、平に着くと、元老中の安藤対馬守が出迎え、三春では仙台藩一中隊が護衛、会津領に入ると、行列は一千人を超えていた。

国境の入り口には元首席老中の板倉勝静、老中小笠原長行も正装して並び、米沢藩兵も警護に加わり、人々は喜びに満ちて宮の駕籠にひれ伏した。

白河城を奪われ、暗い気持ちの同盟軍にとって、宮の会津入りは何物にも替え難い快挙であった。会津鶴ヶ城に輪王寺宮を迎えた容保は、天にものぼるおもいである。

孝明天皇からいただいた御宸翰を披露し、いかに忠誠を尽くしたかを申し上げ、溜飲を下げたのである。

しかし、いつまでも宮を会津に止めておくことはできない。同盟軍の軍事局がある仙台にお連れし、同盟全体の象徴として、督戦《とくせん》してもらわなければならない。

六月十八日、宮は会津鶴ヶ城を発った。

「お世話になりました」

宮は丁寧な言葉でいい、容保は胸を詰まらせた。容保にとって宮は孝明天皇そのものであった。

「この世で一番信頼するのは容保一人だ」。孝明天皇は何度もそういい、全幅の信頼を寄せてくれた。今は亡き孝明天皇が、奥羽のために弟君を遣わされたのだ。容保は宮のお姿が見えなくなるまで、城門に立ち尽くした。宮には小野権之丞と安部井政治《あべいまさはる》が付き添い、板倉勝静、小笠原長行も同行した。

この夜、容保はこみあげる寂しさに耐えかね、落涙した。

暗い影

列藩同盟軍に暗い影がただよい始めたのは、夏も終わりに近づいた頃からである。

七月二十九日、長岡城が落ち、新潟の港も薩長の軍艦によって占領された。この頃、同盟軍の一員である新発田《しばた》藩が裏切りに及び、越後同盟は一瞬にして崩壊した。

河井継之助は足に重傷を負って、八十里峠を会津に逃れ、会津軍も水原から津川へ退却した。

容保は、この知らせに棒立ちになった。なんとしても津川で死守しなければならない。容保は自ら出陣し、越後を督戦することにした。

山川大蔵とともに訪欧し、西洋事情を学んだ越後口の軍事方田中茂手木《もてぎ》が戦死したことも、容保に衝撃を与えた。

横山主税、田中茂手木、有能な家臣たちが次々に命を落として行く。居ても立ってもいられない寂寞《せきばく》とした気持ちであった。

この頃、西郷頼母が、

「残された道は恭順しかない」

と鋭く言い放ち、容保に決断を迫った。頼母だけではない。神保内蔵助、田中土佐ら老臣も、そうしたことを口にした。

「隠居の身でいまさらなにをいうか。同盟軍あげて戦っている最中、極めて不謹慎、頼母は即刻処分致すべし」

梶原平馬、内藤介右衛門らから罵声がとび、容保は頼母に二度目の蟄居を命じ、内藤介右衛門を白河口の総督に命じた。

容保にとって頼母は、のど元に突き刺さった棘《とげ》のような存在だった。抜いても抜いてもどこかに突き刺さっていた。

悪夢を振り払うかのように容保は越後に出陣した。白虎士中一番隊に守られ、野沢に宿陣した。

ここは会津と越後を結ぶ船運の要衝で、古くからの宿場町でもあった。近くで戦が行なわれているなどまるで感じられず、宿場の遊女屋はいつものように客を招き、一杯のみ屋ものれんを下げていた。

容保は小姓も連れずに近くの名所旧跡を回り、周囲を慌てさせる一幕もあった。

八月四日早朝、衝撃的な知らせが容保の元にもたらされた。

二本松落つ

「殿ッ、二本松が乗っとられました」

小姓の小池伝八と清水藤吉が早馬で着き、息も絶え絶えに報告した。

容保は一瞬、虚をつかれた。いま、頭のなかは、越後のことでいっぱいである。

「二本松とな」

容保は聞き返すことで、困惑を静めた。薩長軍が白河から須賀川を攻め、会津国境に迫るに及んで、日光口から旧幕府歩兵奉行、大鳥圭介《おおとりけいすけ》の旧幕府伝習兵を二本松口に回し、守りを固めていた。

二本松と会津の間には、天与の胸壁石筵《いしむしろ》がある。薩長の火器がいくら優れていても、こちらも大鳥の兵だ。たやすく攻め込まれることはあるまい。そうおもっていたが、二本松が落ちたとなると、心配なのは仙台兵である。自国を守るために、国境へ引き揚げてしまうのではないか。容保は、そのことを懸念した。

容保の危惧どおり、仙台兵は引き揚げを始めていた。大鳥圭介が二本松落城を聞いて沼尻峠に行くと、四、五千もの仙台兵が、米沢経由で仙台に引き揚げていった。

福島・白石経由の奥州街道ではなく、わざわざ米沢を迂回して帰るとはなんたる腰抜け、と大鳥は憤慨したが、仙台藩のお家の事情とあっては、いかんともしがたい。

さらに、村松藩が開城し、君侯はじめ家臣たちが会津へ向かったとの知らせが入った。

風雲急を告げる情勢である。

続いて、米沢藩の吉江弥太郎が来て、米沢藩重臣・色部長門が討ち死にしたと伝えた。

翌朝、軍目付・飯河小膳が訪ねて来た。越後と会津を結ぶ八十里峠の近況報告である。越後長岡と奥会津を結ぶ険阻な悪路で、長岡藩兵とその家族がこの峠を通って会津へ逃れて来たという。

「婦人ども、二日ばかりは、草鞋ばきでござったが、その後は裸足となり、老母を背負い、子供の手を引き、それは目もあてられぬ有り様でござった。早速、叶津《かのうづ》へ米を送りました」

「そうであったか」

容保は長岡藩の惨状をおもい、絶句した。

容保の留守中、外交は梶原平馬、内政は萱野権兵衛、軍事は内藤介右衛門が執った。敵が刻々と迫って来るなか、兵の不足は深刻でどこもかしこも人手が足りない。

この日の夕刻、権兵衛から回状が来て田中土佐、神保内蔵助、山崎小助の三人に家老職に戻るように伝えたと知らせて来た。

三人とも隠居役にまわり、一線を退いていたが、ここに来て、経験者の力が必要になったのだ。

八日には遠藤源蔵が来て、八十里を越えた米沢藩兵、長岡藩兵と、その家族、千五百人ほどが柳津《やないづ》まで来たことを告げた。

九日朝、容保は村松藩主の訪問を受けた。越後村松藩三万石、十一代藩主堀直賀《ほりなおよし》侯である。勤王、佐幕と藩論が分かれたとき、直賀は勤王派七人を処刑して、奥羽越列藩同盟に加わった。

これに反発した藩内の勤王派は一族の堀直弘《なおひろ》を擁して薩長軍に内応、藩内は二つに割れてしまい、ついに開城のやむなきに至ったのだ。

家老の堀右衛門三郎と兵四小隊が護衛し、容保のもとを訪れたのである。

「このようなことになり、残念無念でござる」

村松侯の丁寧な挨拶に、容保は返す言葉もなく、

「心中お察し致す」

と、慰労した。村松侯は挨拶が終わると、すぐ山三郷《やまさんごう》を経て、米沢に向かった。

会津には宿泊の余裕がなく、米沢に依頼したのだ。村松侯は会津への義理だてで同盟に加わったわけで、何とも気の毒で申し訳ない気持ちだった。なにせ戦の最中である。致し方のないことだが、相次ぐ負け戦に容保の心は沈んだ。

同じ九日には直右衛門が怖い顔をして姿を見せた。全般にわたる情勢報告である。それによると、秋田藩が同盟を離脱、薩長に寝返ったが、庄内藩一手でこれを討つとのことで、さすがは江戸市中取締の酒井侯だと、その強さに感心した。直右衛門は、このあと、

「情勢は楽観できませぬ。そろそろご帰城いただきたい」

と語り、権兵衛や介右衛門の意向として佐川官兵衛を家老に取り立て、会津の防備を固めたい旨の言上があった。

「それはよい。官兵衛には存分に働く場所を与えたい」

容保は官兵衛の不敵な面構えを脳裏に浮かべ、うなずいた。

弾丸雨飛のなか、平然とつき進む官兵衛は勇猛果敢な会津兵の象徴であり、その下には一騎当千の若者たちがいる。官兵衛なら必ず近隣の敵を一掃してくれよう。容保は、それを信じた。

米沢離脱の風聞

帰り際に直右衛門が小声で、

「確認できませぬが、米沢に不審の儀がござる」

と、いった。

三春、新発田、秋田と離脱が続き、盟友の米沢に疑義ありとすれば、いずれ仙台にも波及しよう。

容保は血の気が失せるのを覚えた。

「越後が敗れたことで、弱腰になったのでござろう。それと薩長が寛典をちらつかせ、会津と離反を図っているものと察せられまする」

直右衛門は、なおもいった。

容保はつとめて平静を装おうとしたが、体がふるえて言葉がでない。

そのようなことは断じてないと自ら励ましたが、不安はつのるばかりである。

十日には、弟の松平定敬が馬を飛ばして来た。

「来てくれたか」

二人は無言で見つめ合った。馬術にたけ、どこでも自分で出かける。兄の身を案じ、様子を見に来たのだという。少し疲れた様子が見える。

「いつまでも会津にいることはない。米沢に行き、後方から会津を支えてくれぬか」

容保は、この時初めて、会津を離れるようにいった。いずれ、城下に敵がなだれ込む。そうなれば勝敗の鍵は米沢になる。敵の背後を米沢が襲えば勝てる。その計算もある。

「何をいわれる。私は、いつも兄上と一緒です」

定敬は言下に否定したが、

「米沢に不穏な動きもある」

と、容保が真意を伝えると、無言でうなずいた。

官兵衛が翌日、野沢にやって来た。

「家老職を仰せ付ける」

容保は皆の前で辞令を読み上げると、

「必ずや勝利してご覧に入れます」

と、朗々とした声で辺りを威圧した。

このあと、白虎士中二番隊が官兵衛の家老就任を祝し、ラッパを吹いて堂々の行進を行ない、引き続き砲術の訓練に励んだ。

容保は十五日、決意を秘めて鶴ヶ城へ戻った。この命を全将兵にあずけ、最後の一兵まで戦い抜く。審判は後世の人々に託そう。胸の奥底に、そうしたおもいが芽生えていた。

容保は、一見弱々しい人物に見えるが、幾多の病を乗り切り、柳に風折れなしで、慶喜の呪縛から解放されてからは、主君の自覚をとりもどし家老たちによく声をかけた。

この頃、敵は会津国境に兵を集結させていた。

国境崩壊

国境の一つ、石筵口が破られたと急報が入ったのは、慶応四年（一八六八）八月二十二日早朝である。前日朝、会津街道玉ノ井村に集結した薩長軍約二千が大鳥圭介の守る石筵の関門母成《ぼなり》峠に攻め入り、昼までに三つの砲台を奪い、猪苗代に向けて進撃中というのである。

会津藩軍事方は、玉ノ井の敵は仙台に向かうと見て、兵の増強を図らなかった。このため、数時間の戦闘で、あっさりと国境を破られてしまったのである。

容保は飛び起きて、軍装に身を改めた。今度こそは、自らが先陣を切る。たとえ敵の銃弾に当たって斃《たお》れても構わぬ。そう心に誓い、直ちに重臣たちに登城を命じた。

「城下に敵を入れてはならぬ」

容保は、そう檄《げき》をとばした。

それにしても敵は速い。信じられぬ速さである。そのような危険があるなど、誰も余に知らせてくれなかったではないか。

容保は必死で心のいらだちを抑えた。

八月二十二日は、太陽暦に換算すると十月七日になる。山には紅葉が始まり、朝晩はぐっと冷え込む。冬までなんとか持ちこたえ、雪原の中で決戦を挑めば、勝機はある。会津藩軍事方は、そう踏んでいた。それが外れたのである。

奥州街道から会津若松に入る道は六本あった。白河から長沼、勢至堂《せいしどう》を経て猪苗代湖北岸に出る道、須賀川から長沼に入る道、郡山、本宮から中山峠を経て猪苗代湖北岸に回る道、郡山から御霊櫃峠を経て猪苗代湖南岸に出る道、福島から土湯峠を経て猪苗代に入る道、そして二本松から石筵に入る道である。

会津藩首脳が可能性として考えていたのは、中山口、現在の国道四十九号線である。

密偵の報告でも、薩長軍はしきりにそのことをいい触らしていた。そこで会津は内藤介右衛門を提督とする主力軍を、この方面に割き、石筵口は大鳥軍にまかせていた。

石筵を守る大鳥圭介は玉ノ井村に薩長兵二千が集結していることを知り、石筵口の補強を申し出ていた。

大鳥の兵はわずか数百。二千の敵とは戦えない。ところが田中土佐と内藤介右衛門は、

「それよりも二本松に先制攻撃をかけるべき」

と反論し、

「兵が疲れていて、できない」

と断っているうちに、攻め込まれた。

母成峠敗れるの知らせに西郷頼母、田中土佐、神保内蔵助、萱野権兵衛、山崎小助、簗瀬三左衛門、北原采女らがあわただしく登城し、もう何日も城中に泊まり込んでいる梶原平馬や佐川官兵衛らを取り囲んだ。

皆、血相を変え、周章狼狽《しゅうしょうろうばい》し、一体どうしたらいいのか、理性を失っていた。

容保も、このような時どうするのか、気は焦るが、戦略として思い浮かばない。

本来、藩士の家族や町民を即刻城外に避難させ、武器、弾薬、食糧を城中に運び入れ、軍事病院もすぐ城中に移すなど籠城戦の態勢に入るのだが、実施されたのは、十五歳以上、六十歳までの男子は急ぎ城に詰めること、婦女子は早鐘が鳴ったら三の丸に入城するよう伝えたにとどまった。

西郷頼母は顔面をふるわせ、田中土佐と神保内蔵助は黙して語らず、混乱は深まるばかりである。

「ええーい、ぐずぐずはできん」

と佐川官兵衛が白虎、回天などの諸隊を率いて猪苗代方面に出撃、容保も白虎士中二番隊に守られて、滝沢村の本陣へ向かった。

弟の定敬も兵三百余を率いて容保に従った。午後から雨が降りだし、人々は固唾をのんで、猪苗代の方角を見た。

「急ぎ兵を戻すしかない」

と梶原平馬が日光口の山川大蔵に急便を派遣、仙台、米沢、庄内にも援軍要請の使者をだした。

列藩同盟結成までの会津藩は、実に堂々としていた。周辺の弱小諸藩は、その威力に押されて、一も二もなく会津についていた。その会津藩が最大の危機を迎えている。梶原平馬が各地に次々に使者を送るが、連携が悪く、国境守備隊がとった行動も後手に回った。

朱雀寄合組四番中隊は須賀川口《すかがわ》を守っていた。須賀川、郡山に駐屯する薩長兵二千余が本営近くに潜伏したとの急報を得たが、あえて意に介する者はなく、夫卒に命じて酒を集め、日中から宴を張り、酒盛りをしていた。

そこへ突然、石筵が敗れたと聞き、酩酊もにわかに覚めて、猪苗代湖南岸を若松に向かった。

隊員の間には敵の背後に回り、攻撃を加えるべきとの声もあったが、隊長山田清介は、主君のもとに駆け付けることが先決と、城を目指した。

雨が強く降りだして足がすべり歩行が困難で、大砲を捨て、やっと城下にたどりついたが、すでに城下は火に包まれ、茫然自失の有り様だった。

小原宇右衛門の砲兵隊は、猪苗代湖を眼下に見下ろす御霊櫃峠に、胸壁を築いていた。

二十二日、猪苗代に向かうよう軍事方から指令を受けたにもかかわらず、虎の子の大砲を途中の山中に捨て、会津へ退却した。

各部隊とも、このような場合、どうすべきか、行動指針がなく、兵卒は逃れるように若松を目指し、もはやとめることはできなかった。

武勇を誇る会津藩も鳥羽伏見と白河の戦いで有能な指揮官を多く失い、戦闘能力が著しく落ちていたのである。官兵衛も、敵を防ぐことはできず、二十三日早朝には、敵先鋒がなだれを打って城下に迫った。

容保はわずかの近習と、滝沢の本陣で横になったが、寝つかれない。夜半から風雨が強まり、暴風雨の荒れ模様である。

この分なら敵も動けまいと思っていたが、夜明けとともに戦いが始まった。形勢が悪いのだろう。味方の兵士が血にまみれ、刀を杖に陸続として退いて来る。そこを薩長兵が疾風のごとく追いかけて来て、すさまじい銃声が城下に響いた。

狂乱する城下町

これを見て、あわてて早鐘を乱打したため、城下は名状すべからざる混乱に陥った。

藩士の家族たちは朝食の準備中だった。警鐘乱打に驚き、老いを助け、子をかかえ、着の身着のままで戸外に飛び出した。

やがて大混乱が起こった。

農工商も含めて万余の領民が一度に七日町や柳原町、材木町口に殺到したため、おり重なって倒れ、子は親を見失い、泣き叫んだ。そこに銃撃が加えられ、城下は狂乱の町と化した。

容保は甲賀町の郭門まで引き揚げ、

「畳を運んで胸壁を築け」

と周りに命じた。

敵の小銃弾を防ぐには、これしかない。容保は咄嗟に判断した。それも束の間、敵はもう目の前に姿を見せ、小銃弾が雨霰と飛んできた。護衛の白虎隊は戸ノ口原に出撃し、そばにいるのは老臣田中土佐、北原采女の兵、荒川類《あらかわるい》右《え》衛門《もん》らわずかの兵に過ぎない。

「殿ッ、早く、お城へ」

采女が容保の馬に鞭を当てた。

「余は、ここにとどまる」

容保は叫んだが、

「なりませぬぞ」

采女はなおも強く馬を打ち、容保は単騎、鶴ヶ城へ駆け込んだ。

自宅に戻っていた頼母は、嫡男吉十郎を連れて城へ急いだが、家族はかねての手はずどおり、次々に刺し違えて自刃した。

頼母の母律子《りつこ》、妻千重子《ちえこ》、妹眉寿子《みすこ》、由布子《ゆうこ》、長女細布子《たえこ》ら家族九人と、一族の家族十二人の計二十一人である。この自刃、頼母の恭順を無にした藩首脳への、無言の抗議とも受けとれた。

もっと別な選択があったのではないか。見方の分かれるところだが、ここにとび込んだ薩長兵もおもわず目を背けた。

家族が自刃に追い込まれたのは頼母だけではない。政務担当家老・梶原平馬と、白河口軍事総督・内藤介右衛門兄弟の家族も、自刃している。

二人の父信順《のぶより》と母もと子は、介右衛門の妻子と従者を連れ、鶴ヶ城へ入ろうとしたが、すでに城門は固くとざされ、入城できない。雨に打たれ、疲労困憊《ひろうこんぱい》、菩提寺の面川《おもがわ》村泰雲《たいうん》寺に、やっとのおもいでたどり着き、黒煙をあげて燃える城下を見て、もはやこれまでと一族十六人が自刃して果てた。

これは明らかに、避難策を講じていなかった悲劇である。酷ないい方だが、重臣たちの失策であった。

数え切れぬ殉難者

悲劇はまだまだ続く。一千石沼沢《ぬまさわ》小八郎の母道子《みちこ》は、八十六歳の姑を荷車に乗せ、二人の娘と侍女、従者を連れて外に出た。しかし荷車を引いていた従者が銃弾で斃れ、路もふさがれ、裏道から自宅に戻り、屋敷に火を放って自刃した。

朱雀士中組中隊頭・永井左京、二番士中隊頭・木村兵庫の一族、幼少組中隊頭・井上丘隅、江戸武具役人・野中此右衛門の家族、軍事奉行添役・柴太一郎の祖母、母、妻、幼い子供たち、青龍三番士中組小隊頭・西郷寧太郎《ねいたろう》の祖母、妻、子供たちは、初めから入城をこばみ、死を選んだ。

数多くの婦女子、老人が懐剣で首を突き、その数は二百数十人に及んだ。

入城できなかったため、止むを得ず自刃した人もいたが、敵の手にかかるよりは、潔く命を絶つという武士道に殉じた婦女子が多く、逃げまどう兵士も多かったなかで際立った行動だった。

重臣のなかにも入城せず、自刃あるいは討ち死にした人がいた。

田中土佐、神保内蔵助、河原善左衛門の三人である。重臣北原采女の従者荒川類右衛門が目撃し、記録にとどめた。

この日、類右衛門は主人に続いて入城しようとしたが、敵が背後に迫り、やむなく五ノ丁の長屋にひそみ、機を見て藩医の土屋一庵宅に飛び込むと、そこで土佐と内蔵助が自刃していたのである。

土佐は甲賀町口で指揮を執り、防戦につとめたが、胸壁を突破され、土屋一庵宅で内蔵助と会い、

「もはや回復はできぬ」

と刺し違えた。二人は偶然に、ここで落ち合ったことになっているが、事前に話し合っていたのではあるまいか。

内蔵助には、この戦は無謀と映っていた。

嫡男修理は、長崎で世界情勢を学んでいるさなかに京都情勢が悪化、急ぎ戻ると鳥羽伏見の戦争が起こった。裏切りが続出、錦旗が上がった時点で、敗色濃厚となり、慶喜に江戸での再起を進言したことで、その責任を取らされ自決していた。

嫡男の死を悲しまない親はいない。今やあの世で修理に会うことが内蔵助の願いだった。

白河の大敗のあと、ともに会津の落城を予見しており、戦いを止めることができなかったおのれの無力を嘆きながら、黄泉《よみ》の世界に旅立った。

善左衛門は国産奉行副役・大野英馬、弟岩次郎、長男勝太郎の一族従臣三十余人を率いて、滝沢村で敵兵を迎え撃ち、槍を振るって突進し、射殺された。大砲、小銃が不足し、敵とまともに戦うことは難しい。善左衛門は、そのことを知っており、自ら死を選んだのである。

白虎二番士中隊の悲劇も、この日のことであった。

従来、隊士十九人が、飯盛山で集団自決したことになっていたが、事実は周辺でバラバラに倒れ、後日、少年の遺体を集め埋葬したのだった。

山中彷徨

石筵で敗れた大鳥圭介は、どうなっていただろうか。

大鳥は石筵から沼尻の山道に抜け、山を越え、川を渡り、山中をさまよった。

夜になると、猪苗代方面に焰々と火の手があがり、猪苗代が落ちたことを知った。食糧も切れ、雨も降り、樹木の下で、ずぶ濡れになりながら夜が明けるのを待った。夜中に林間に婦女子の声がする。

従者に探らせると、木地小屋があり、そのなかに近隣の百姓たちが隠れていた。老人、子供を含む三、四家族がいて、

「これを食え」

と鍋のまま飯を差し出した。これでやっと空腹をしのぎ、米沢にでて米沢藩から食糧、弾薬を求め、会津を救援しようとおもった。

翌二十二日、秋元原まで行くと、二本松藩家老の丹羽丹波《にわたんば》に会い、そこには多くの会津兵もいた。

ここは温泉場である。久しぶりに湯に入って疲れをいやし、会津の井深隊から食糧をもらい、大塩村にでて、米沢街道に入った。

驚いたことに、会津若松から婦女子や兵士が続々と逃げて来る。このなかに幕臣の林正十郎や桑名藩主・松平定敬や新選組・土方歳三、西洋医・松本良順《まつもとりょうじゅん》らがいた。

石筵口で別れ別れになった伝習隊の本多幸七郎《ほんだこうしちろう》、大川正次郎《おおかわしょうじろう》もいて、夢ではないかと手をとり合って喜んだ。

そのうちに庄内藩重臣の本間友三郎、越後長岡侯の奥方、姫君らが険路、泥にまみれてやって来た。

婦女子は疲れ果て、何度も転ぶ。若松の方角からは砲声が轟き、黒煙があがり、人々は口々に、若松はもうつまいと語り、嘆息した。

本間友三郎と土方、松本らは庄内に向かい、大鳥はやっとのおもいで、檜原から米沢の関門にたどり着いた。ここにも会津の老幼男女が大勢おり、米沢兵が警備していたが、旧幕府大鳥圭介と名乗っても一向に対応してくれない。

武器、弾薬の補給も断られ、会津の危急をいっても馬耳東風《ばじとうふう》、大鳥は仇敵のごとく扱われ、米沢藩の変心を知った。

薩長軍の会津進撃には、米沢変心が関係していたのである。薩長軍が最も警戒するのは、背後から仙台・米沢兵に攻められることだった。これを避けるため、仙台、米沢へ政治折衝を始め、そのメドがたったところで攻撃に踏み切ったことになる。

戦とは、ある部分、外交である。会津は肝心のところで米沢に裏切られた。

大鳥は会津に引き返し、なおも戦いを続けるが、弾薬が尽き、もはや勝機はないと仙台に向かい、榎本武揚の艦隊に身を投じることになる。

敵弾炸裂

容保は、城中黒金門に、陣取っていた。

周りにいるのは養子の喜徳、家老の梶原平馬をはじめ西郷頼母、簗瀬三左衛門、山崎小助、高橋外記、北原采女ら数えるほどである。

黒地に金箔で、八幡大神の四文字を印した三左衛門の陣羽織が、ひときわ目立った。なにか守護神がいそうな感じで、皆の目が、この陣羽織に集まった。

ほかにいるのは小姓と坊主だけで、実に閑散としていた。

「天神口が危ない」

伝令が駆け込むが、城中にいる兵士は玄武足軽隊の老兵数十人と、水戸藩兵二百余人、近習若干である。援兵どころではない。三左衛門が裏門に回り、采女、外記、小助の三人が三の丸へ走った。敵は城門に近い田中土佐や三宅伸三郎邸にひそみ、雨のように小銃を撃って来る。辰の下刻（午前九時）には甲賀町通りと大町通りに大砲を装置して、北追手門に砲撃を加えて来た。

砲弾が城中の櫓に当たり、大爆発を起こし、黒金門もぐらぐら揺れた。

こうしてはおれないと、山浦鉄四郎、飯田大次郎が連絡役となって城内の配置を決め、武器蔵から小銃を持ち出して、応戦を始めた。あちこちで火災が起き、風が吹き荒れ、町はすさまじい火炎をあげて燃えている。

軍事病院にも火が移り、収容されていた傷兵は自刃のやむなきに至った。これは重大な失策であった。

避難の失敗である。

なにもかも手遅れだった。

なぜ事前に病人や婦女子に避難命令を出しておかなかったのか、容保は己の無力を恥じた。何から何まで後手に回った。

奥番中田常太郎が容保の前に進みでて、進撃隊の編成を進言した。山浦鉄四郎を主に荒川類右衛門、富田三郎、桜田勇二ら三十余人が決死隊を編成し、城外に出撃するというものである。

「酒をもて」

容保は大声で叫び、白鉢巻の一人一人に盃を与え、
「存分に敵を討て」
と励ました。一同は飲みほすと、鬨の声をあげて城門から出ていったが、たちまち二十余人が討ち殺され、鶴ヶ城は落城の危機に瀕した。

こうした状況にもかかわらず、敵を一歩も城内に入れなかったのは、ひとえにすぐれた構築のおかげであった。

城に入った容保は、城外に打って出る兵士に昇進を告げて鼓舞し、城下を火の海にして敵を掃討する作戦を認めるなど、指導力を発揮した。

残念ながら風が弱く、大炎上とはならなかったが、薩長新政府軍の出足を食い止めることには成功した。

また敵に米蔵を奪われることを防ぐために、城外の米蔵にも火を放った。これは痛恨の出来事だった。

敵の侵入に備えて、城外の米を城中に搬入するよう具申した軍事奉行・飯田平左衛門を、不遜の発言をしたとして玄武足軽隊の中隊頭に左遷していたからである。

会津藩の欠点は、全体を見通す作戦参謀の不在だった。

江戸詰めの婦女子で編成する婦女隊も奮戦した。

「女は殺すな、生け捕りにせよ」

と敵の隊長が叫ぶなか戦ったが、一人が戦死、一人が生け捕りにされた。

生け捕りに遭ったのが、江戸で自決した神保修理の妻雪子だった。

雪子は敵兵に凌辱されたと伝えられている。

雪子は短刀を借りて自決するが、なんとも無念の最期だった。

難攻不落の城

鶴ヶ城は会津盆地の中央よりやや南に位置し、周囲を深い水濠と土塁で囲み、正面の追手門の前には、北出丸が厳とそびえていた。

ここには、いくつもの銃眼があり、至近距離から速射できる。追手門の上には本丸狭間があり、ここにも銃眼があった。

二の丸、三の丸にもいくつもの銃眼があり、薩長の銃隊といえども、ここに攻め入るのは至難であった。何人かが突入を図ったが、蜂の巣のように射抜かれて殺された。

さらに西には西出丸があり、二の丸、三の丸の防備も固く、さしもの薩長軍も突入を断念し、日没を迎えている。会津は、この城のおかげで、なんとか敵の侵攻を食い止めることができた。

時おり砲撃が中断し、静寂が戻ることがあった。その時、重臣たちはほっと顔を見合わせ、溜め息をついた。重臣たちが陣取る黒金門は、扉から柱まですべて鉄でおおわれており、どのような砲撃を受けても、びくともしない造りになっていた。

容保はできるだけ、気力をみなぎらせようと、声をあげてあれこれ指示した。

内藤介右衛門や萱野権兵衛、佐川官兵衛が近くにいるはずだ。敵を蹴散らし、城に駆け込んでくるだろう。

容保は、彼らに思いをはせた。

敵に渡してはならぬ山

「小田山は」

三左衛門が突然いった。

小田山?

容保は、はっと我に返った。

城の南東半里の至近距離に山があった。小田山である。

古来、小田山を敵に渡してはならぬといういい伝えがあった。ここに登ると、鶴ヶ城天守閣は眼下に見下ろせる。

大砲を山頂に据えられると、天守閣は狙い撃ちにあってしまうのだ。この混乱である。小田山に守兵をあげるのを忘れていたのである。いまとなっては、敵が小田山に気づかないことを祈るしかない。

この危惧は的中する。

小田山は早くも占領されていたのである。間もなく鶴ヶ城は小田山からの砲撃に晒されることになる。

この夜、容保は死んだように眠った。

国境を守っていた会津兵は、昼夜兼行、鶴ヶ城を目指して、歩き続けていた。町民で編成した新練隊を率いる土屋鉄之助は、この夜、大平方面羽鳥村から二の丸にたどり着き、遊軍寄合組隊も同じように夜の闇にまぎれて帰城した。

白河方面を守っていた総督内藤介右衛門、陣将原田対馬率いる精鋭の朱雀三番士中隊、青龍一番・二番士中隊、朱雀三番足軽隊、奇正隊、義集隊、会義隊など約千人も城下にたどり着き、二十五日早朝、鬨の声をあげて入城した。

佐川官兵衛、小森一貫斎、鈴木丹下、野口九郎太夫ら強者どもも城に入り、秋月悌次郎も越後から戻って、本丸の軍事方に顔を見せた。

「申し訳ございません」

悌次郎は目に涙を浮かべて詫びた。

悌次郎は越後で長岡藩と折衝に当たり、河井継之助に参戦の決断をさせる功績をあげた。

二人はともに長崎に遊学し、港を見たり、遊女屋をのぞいたりした仲である。その継之助も足に重傷を負い、会津領塩沢村で病没していた。

すべては徒労に終わり、会津鶴ヶ城は、いま何万という敵に包囲されている。

容保は悌次郎の心中を察し、

「苦労をかけた」

と、労をねぎらった。

蝦夷地に左遷されて以来、悌次郎は不運な役回りを担って来た。戦いに懐疑的ながらも結局は主君のため、会津藩のために懸命に努力を続けて来た。

もし、悌次郎が継之助を誘わなければ、命を落とすこともなかったろうに、そうおもうと二重、三重に悌次郎の胸はしめつけられた。

これからどうすべきか、藩公をお守りし、藩兵の命も一人でも多く生き永らえさせたい。悌次郎は、そのようなことを考えていた。

それにしても城中の混乱は、その極みに達していた。薩長軍が小田山に大砲をあげ、鶴ヶ城天守闇目がけて砲撃を始めたのだ。

ズシン、ズシンと腹に響く轟音とともに、砲弾が炸裂し、大書院や小書院の壁をぶち抜き、その都度、死傷者を出した。

容保の義姉照姫に率いられた婦女子が、兵糧を握り、弾薬の製造や傷病兵の看護にあたり、その働きぶりは見事であったが、砲撃のたびに、あちこちで呻き声が起こり、手のつけられない惨状を呈した。

兵士たちも極度の恐怖心にとらわれ、少しのことで喧嘩口論し、槍で突き刺される者もでる始末であった。気が触れて自殺する者も二、三いた。

そして越後の長岡侯が持参した千両箱を三の丸に持ち出し、これをばら撒くという異常な出来事も起こった。

この黄金を拾う人はだれ一人となく、

「えい、やあー」

と奇妙な声を発する長岡侯の姿は鬼気迫るものがあり、駆け付けた悌次郎も呆然とたたずむほかはなかった。

西郷頼母の言動も、おかしくなった。

「この窮地に陥るのは、余の献策を入れぬためだ」

とわめき、

「もはや城を枕に、一死君恩に報いるのみ」

と、眉をつりあげて怒り、悌次郎がなだめようとするや、やおら刀を抜いて斬りかかったと伝えられている。

悌次郎は身をかわしてよけたが、梶原平馬、原田対馬、海老名郡治らは頼母乱心と見て、城からの追放を決断し、容保が、

「仙台へ向かい、支援を依頼してくれ」

と城外へ逃がした。

戦闘の最中とはいえ、重臣が抜刀することは許されない。頼母は顔をひきつらせて、無言のまま一子吉十郎を連れて仙台に落ちのびた。

頼母に厳しく対処したのは、梶原平馬で、このあと、大沼城之介、芦沢生太郎の二人が平馬から頼母謀殺の命を受けて追うが、見失ったとしてそのまま帰城している。

多くの郷土史家や作家が、籠城戦をほめたたえたが、婦女子に比べると、男はただうろうろするだけだった。

彼岸獅子

容保がもっとも信頼する若き武将、山川大蔵が帰城したのは八月二十六日である。

山川大蔵は朱雀四番寄合組隊、別選組隊、狙撃隊、水島弁治隊を率い、鳥が飛ぶような速さで駆けてきた。

大内峠まで来ると、砲声がしきりに聞こえ、城は砲煙のなかにある。大川で四、五十人の兵に会った。

城は四方を敵に囲まれ、容易に入城できないという。特に小田山から撃ち出される大砲の被害は甚大で、これを奪い返すことが先決だと口々に訴えた。

「一城の安危、まさに旦夕に迫っておる。まずは殿のもとに、駆け付けることが大事」

大蔵は、これを制し、近在から笛と太鼓を求め、彼岸獅子の囃子《はやし》を吹奏して、堂々の入城を図った。

敵は、いずこの隊かといぶかしげにこれを見たが、まさか会津の山川隊とは誰もおもわない。

「あれは山川に相違ございませぬ」

梶原平馬の声で、容保は制止を振り切って天守閣に登った。数百を超える軍団である。囃子を先頭に刻一刻、城門に近づいてくる。

「戻ってくれたか」

容保は胸を躍らせて見入った。山川隊は、そのまま喊声《かんせい》をあげて城門をくぐった。あわてて薩長軍が砲火を浴びせたが遅かった。みごとな機知であった。

「殿ッ」

山川大蔵のたくましい顔があった。髭がのび、衣服は泥によごれていたが、目は爛々と輝き、辺りにパッと光を射した。

人間の度量や決断、叡知がすべてを決めた。あれこれ過去を悔やむことではない。お互い罵り合うことでもない。

ここは全員が火の玉となって、会津武士の力を見せてやるのだ。そうすれば勝運も開けよう。容保はおもった。

「拙者、日光にあって、しばしば敵と戦いましたが、いずれも小戦に過ぎませぬ。この天下の名城で薩長の大軍とたたかうのは、光栄の至り、ご安心下され」

大蔵は皆の前で毅然《きぜん》といい放った。

弱冠二十四歳、この落ち着き、この自信。大蔵は会津藩軍事総督として全藩を指揮、籠城戦を戦うことになる。

会津藩は、これから一カ月、援軍のないまま戦い続ける。山川大蔵が本丸で軍事を総督し、梶原平馬が政務を担当、内藤介右衛門が三の丸、原田対馬が西出丸、倉沢右兵衛が二の丸、萱野権兵衛、佐川官兵衛が城外に出て武器、弾薬を奪い、城中に運び入れた。

市街戦が始まって数日過ぎた城下町は、焼け落ちて荒野となり、そのあちこちに戦死者や流弾に斃れた婦女子の遺体が放置され、流血淋漓《りんり》、異臭が鼻をつき、目もあてられぬ惨状であった。

官兵衛突撃

その中を官兵衛率いる朱雀二番士中隊、同三番士中隊、同二番足軽組中隊、砲兵隊、正奇隊、会義隊など一千は城内外からしばしば進撃し、城下の敵の一掃作戦にでた。

二十九日朝の進撃は、もっとも激しく、薩長軍は危うく陣地を奪われるところだった。

『東山道戦記』は、そのことを次のように書いている。

「今日の会津軍は、味方の死傷もかえりみず、砲弾の間を疾風のように駆けてきた。桂林寺口を守っていた備前藩は苦戦に陥り、塁を奪われそうになった。薩摩、土佐の二小隊が駆け付け、やっと撃退することができたが、この日、戦死した会津藩士の懐中を調べたところ、八月二十九日討死とか、国のため戦死あるいは絶命の辞などを持っていた。死を覚悟して攻めて来たのだろう。それだけに、今日ほど鋭い攻撃はなかった」

会津軍は小銃、大砲、弾薬の補給が途絶し、わずかの火縄銃と槍剣に頼っており、槍をかざして突撃するほかなかった。

このため、大蔵が、どんなに智謀に秀で、官兵衛が猪突猛進、敵の塁に迫っても薩長土肥の小銃隊の餌食にされてしまうのだった。

鳥羽伏見、白河城と、いつも、この形で敗れた。小銃には小銃で戦うしかないことはわかっているが、他に手立てがない。終わって見れば朱雀二番士中隊長・田中蔵人、別選組隊頭・春日佐久良、正奇隊頭・杉浦丈右衛門、進撃隊頭・小室金五左衛門、砲兵隊頭・福田八十八ら精鋭百十人以上を失い、作戦は完全に失敗に終わった。

この日、進撃時間が遅れるという不祥事もあった。

弾薬、兵糧ともに、一日一日と欠乏を告げ、他からの応援の見込みもない。そこで容保は、敵を城下より一掃せよと命じ、軍議一決した。その大将が官兵衛だった。

前夜、容保は官兵衛を御前に召し、御盃と一振の名刀を賜った。ところが官兵衛は君主の前で幾盃かを傾け、遂には酩酊《めいてい》して、その場に熟睡してしまった。

「今夜は酒はやめよ」

と容保はいわなかった。

攻撃の時刻が迫って来る。

ひそかに夜陰に乗じて敵陣に突貫する計画だったので、部下たちが、頻りに、

「佐川隊長、佐川隊長ッ」

と呼んで揺り起こそうとしたが、一向に目を覚まさない。

一体、これはどうしたことか。

官兵衛が豪胆不敵の気性を君公の前に示そうとしたのか、あるいは日頃大好きな酒を飲み、知らず知らずに、その時を過ごして、遂にこのような失態を演じたものか。

ひょっとすると勝ち目のない戦闘を回避したのか、官兵衛が目を覚まして兵隊を繰り出したときは、最早、夜はとうに明けていた。

この作戦、敵を驚かせはしたが、会津の決死隊は、小銃隊の標的になり、士官、下士官を中心に百名もの犠牲者を出してしまった。

このとき容保は作戦の中止を命じるべきだった。

「すぐ城へ戻せ」

容保は伝令を発した。

官兵衛は南進して食糧を求め、ゲリラ戦に入ることを決め、郊外に去った。

この日を境に、官兵衛は本城に足を踏み入れず、越後の総督一瀬要人と萱野権兵衛率いる一隊と

ともに城外で戦うことになる。

敵は鶴ヶ城天守閣をめがけて一日、千発もの砲弾を撃ち込んだ。その最中にも日蓮宗大法寺の僧日清《にっしん》が天守閣に登り、祭壇を設け、曼荼羅《まんだら》をかけて祈祷した。

敵の砲弾が天守閣に炸裂しても声高らかに唱える南無妙法蓮華経《なむみょうほうれんげきょう》の声は、鐘楼の鐘の音とともに城中に響き、籠城の人々は百万の味方を得た心地であった。

薩長軍の兵士は、連日、天守閣に猛砲撃を加えたが、天守閣はびくともせず、聳《そび》えていることに驚きの目を見張った。

また子供たちは凧揚げに興じ、それが城内の無事を知らせることにもつながり、兵士たちの士気を高めたのだった。しかし、武器弾薬、食糧の欠如は致命的だった。

修羅場となった籠城戦

会津若松の籠城戦は、実に厳しいものだった。昼夜の別なくすさまじい砲撃に曝される城内で、容保は自ら指揮を執って戦った。

容保の指揮ぶりを側で見つめていた小姓の記録が残っている。小姓の名前は井深梶之助《いぶかかじのすけ》。後に明治学院の創立者のひとりとなった人物である。

梶之助は当時十五歳の少年だった。白虎隊は十六歳以上だったので、城下での戦闘には加わらなかったが、父に従って越後の戦場に向かい敵と銃撃戦を演じた体験も持っていた。母は筆頭国家老・西郷頼母の妹だったので、あるいは頼母の推薦で小姓になったのかもしれない。

この少年、頭のよさは抜群で、籠城戦の日々を鮮やかに記憶していた。

薩摩、長州、土佐を主力とする新政府軍、昨今は西軍とも呼ぶが、会津城下に殺到したのは、慶応四年八月二十三日であった。けたたましく半鐘が鳴り、銃弾が空中を飛び、城下は阿鼻叫喚《あびきょうかん》の修羅場と化した。

籠城中は一日とて気が休まる日はなかった。砲弾が頭上に飛来して爆裂し、焼夷弾が雨のように降り注いだ。その都度、江戸屋敷から来た火消しの男たちが水桶の中に奥女中の着物を浸しておいて、爆弾や焼夷弾にかぶせ、爆発や発火を防いだ。

京都時代、容保は病弱だった。禁門の変では立って歩くこともままならず、重臣に背負われて指揮する有様だったので、会津の籠城戦でも臥せりがちだったのではないか、そう考える向きもあるが、容保は鉄の扉で囲まれた黒金門の一画に司令部を置き、重臣とともに戦況を聞き、城内を巡視し兵を激励した。

その傍らにいつも梶之助がいた。

あるとき、一人の侍が生首を下げてやってきて、それを容保に献じた。梶之助はぎょっとした。

この侍は南口の戦いで敵に出会い、斬りあいとなって相手の首をとった。

容保は別に避けることなく、この侍に会ったのだが、男がとった行動は異様だった。男はその首を門外に持ち出して地上にたたきつけ、

「憎い奴だ、憎い奴だ」

と叫んで丸太で打ちのめした。

死者に鞭打つとは会津武士に似合わぬ行為と梶之助は憤慨した。

容保は、じっとそれを見続けた。

また砲術師範山本覚馬の妹山本八重は、容保の面前で、敵が撃ち込んだ榴散弾の内容を詳しく説明した。容保はそれにじっと聞き入った。

八重はのちに同志社大学を創設する新島襄と結婚する。

このように、容保のところに来て戦況を報告する者も後を絶たなかった。

列藩同盟の瓦解

列藩同盟は、日々、瓦解の一途をたどっていた。七月十三日には磐城の平城が陥落。二十六日には三春、そして、新発田、秋田と同盟離脱が続いた。三春藩は会津兵及び仙台兵の不意を襲い、二

本松を攻めた。

越後では長岡城が落ちた。九月四日には米沢藩が高久《たかく》村に会津攻撃の陣を張った。

そして、会津藩の陣将萱野権兵衛の屯所に、米沢藩主上杉斎憲《うえすぎなりのり》の書状を届けて来た。そこには、

「この書状は土佐藩から来たもので、貴藩公に呈せよ。今、汝等が戦っているものは賊ではなく、実の王師である。越後口の総督嘉彰親王は既に塔寺（若松の西方十六キロ）にある。故に余等の言うことに従って速やかに降伏して罪を謝すべきである」

とあった。

萱野は容保に書状を届けさせた。容保は、これを受けて悌次郎と直右衛門を米沢に、柴守三と土屋惟精《いせい》を仙台に、伊東左太夫と萱野安之助を荘内へ派遣して相談させた。

どこもこの期に及んでは開城やむなしということだった。容保は、

「これ以上、家臣や領民に迷惑をかけることはできぬ」

と降伏の意志を固め、家臣たちにそれを伝えた。

「余は、哀訴、嘆願、数十通に及んだが何の返書もなく、奸臣が猥《みだ》りに兵を進めて封内を掠奪した。故に真の王師ではなく、奸臣の仕業と思い、死力を尽しこれと戦った。今、嘉彰親王が錦旗を移して、封内に臨まるると聞く。余は王師には抗することはできない。速やかに罪を謝すことにしたい」

といい、再び悌次郎と直右衛門を米沢兵の屯所へ遣わした。米沢藩兵は二人を薩長軍の本営、土佐の板垣退助《いたがきたいすけ》の屯所へ導き、ここで降伏の議を決した。

容保はもっと早く開城を決断すべきだった。

兵士は遺書を懐に突撃を繰り返しており、容保は決断しにくい状況ではあったが、何処からみても勝ち目はなかった。

部下や領民の命を救えるのは容保である。せめて籠城二十日前後で、開城の準備を始めるべきだった。攻める板垣や伊地知も鈍感だった。使者を立て降伏を勧告すべきではなかったか。

容保がようやく動いたのは、一カ月後だった。悌次郎や直右衛門が容保に直言し、それを受けて容保は、痛哭《つうこく》涙をのんで家臣一同に、降伏を伝えた。

この知らせが出るや、日新館の儒者、秋山左衛門は憤慨に堪えず、自刃した。

遠山豊三郎も、一首を槍に結び三の丸で自刃した。庄田久右衛門も悲憤慷慨《ひふんこうがい》自刃した。当年六十四歳だった。

九月二十一日の夜、秋天一碧、寒月が城を照らす時、砲術師範山本覚馬の妹、山本八重子は、

明日よりは何処の人か眺むらん
なれし大城に残す月影

と白壁に書き記した。

九月二十二日午前十時、降旗を追手門前に立てた。当時白布は既に包帯に使用し、もうなかったため、小布片を縫い合せて降旗とした。

婦女子等は断腸の感に打たれ、熱涙、旗は為に濡れていたという。

開城の模様は山川健次郎編『会津戊辰戦史』が一般的だが、ここでは、相田泰三著『松平容保公伝』から引用した。

降伏式

二十三日午前十二時、追手門前、甲賀町通りの路上に緋毛氈《ひもうせん》を敷き、軍監中村半次郎（桐野利秋《きりのとしあき》）軍曹山県小太郎、使者唯九十九《つくも》等は、錦旗を擁して東側に西面し、容保、喜徳、秋月悌次郎、手代木直右衛門は西側に東面して坐した。

容保自ら、次の降伏書を読み上げ、中村半次郎に呈した。


臣、容保謹んで言上奉り候。拙臣儀、京都在職中、朝廷に莫大の鴻恩《こうおん》を蒙り奉りながら、万分の微忠も報い奉らず、其の中当正月中、伏見表に於て暴動の一戦仕り、近畿を憚からず、天聴を驚し奉り候段深く恐れ入り奉り候。元来、勤王の一途、愚忠、毛頭別心御座無く候得共、僻土《へきど》頑陋《がんろう》の固習、旨意行き違いより引き続き今日迄、遂に王師に抗敵し奉り、今更ら何共申し上ぐ可き様も御座無く候。

実に天地に容れざるの大罪、身を措く処なく、只々恐懼《きょうく》仕候。熟々《つらつら》相考候得ば、天下の大乱を醸《かも》し、無罪の人民塗炭《とたん》の苦を受けしめ候儀、全く臣、容保の致す所に御座候得ば、此の上いか様の大刑、仰せ付けられ候得共、聊《いささ》か御恨み御座無く候。

偏に、臣、父子並びに家来共の死生、天朝の聖断を仰ぎ奉り候。只、国民と老幼婦女子とに至り候ては、元来、無知無罪の義に候得ば、一統の御赦免成し下され度く、伏して歎願奉り候。

是れに依って従来の兵器、悉く皆差上奉り、早速開城、官軍御陣門へ降伏、謝罪奉り候。

此の上万一も聖朝御復古、出格の御垂憐《すいれん》を以って、御寛典の御沙汰、仰せ付けられれば、冥加の至、有難く存じ奉り候。此段万死を冒し、大総督府御執事迄、歎願奉り候。

誠恐誠惶、頓首再拝

慶応四年九月二十二日　源容保　謹上。

執筆したのは悌次郎とおもわれ、実に格調高い堂々たる降伏書であった。
また家臣連署の嘆願書も手渡された。

亡国の陪臣、某等、謹んで言上奉り候。老寡君容保儀、久々京都に於て奉職罷り在り、寸功も無く、無量の天眷を蒙り、万分の一も隆恩に報い奉らず、剰え天譴に触れ、遂に今日の事件に至り、容保父子、城地を差し上げ、伏して謝罪奉候段、畢竟《ひっきょう》微臣等、頑愚《がんぐ》疎暴《そぼう》にして、輔導の道を失い候儀、今更ら哀訴仕り候も、却って恐多き次第に御座候得共、臣子の至情、実に堪え難く存じ奉り候間、代って臣等厳刑に処し下し置かれ度く、伏して翼い奉り候。何卒、容保父子義、至慈寛大の御沙汰を蒙り候様、御執成し下され度く、忌諱を顧みず、泣血、祈願奉り候。某等　誠恐　誠惶　頓首　再拝

慶応四年九月二十二日

松平若狭重役
萱野権兵衛長修　花押
内藤介右衛門信節　花押

梶原平馬景武　花押
山川大蔵重栄　花押
海老名郡司重昌　花押
井深茂右衛門重常　花押
田中源之進玄直　花押
倉沢右兵衛重為　花押

頼母は、仙台から蝦夷地に向かい、田中土佐、神保内蔵助は自決、佐川官兵衛は、薩長軍は官賊也と開城を拒否した経緯があり、名を連ねることはなかった。

式典が終わると容保・喜徳父子は一旦、城に戻り、藩祖歴代の霊廟に参拝し、重臣将校たちを召して、長い間の苦戦辛労を労らい、訣別の意を告げた。

そして容保父子は、城中二カ所にある空井戸と二の丸、梨の木畑の墓地を訪れて、それらの人々の冥福を祈る香花を献げ、深々と礼拝合掌した。数え年十四歳の喜徳の握り合わせた拳が家臣たちの涙をそそった。

それから容保父子は、本丸、大書院、小書院を回り、病室に呻吟している傷病兵を見舞い、黒金門から帯郭に出て、西出丸、北出丸、二の丸、三の丸、豊岡の辺りまで廻って城兵の辛労を慰め、訣別を告げた。

三軍の将兵は、皆、恨みを忍んで涙を流し、主君を仰ぎ見る者はなかった。

更に容保父子は西出丸の郡上藩の援兵達に対しても、丁寧に礼を述べた。北追手門から駕籠に乗せられて、妙国寺《みょうこくじ》に向かったが、この時も容保は、首から胸に垂らした竹筒を肌身から離さなかった。孝明天皇から与えられた御宸翰と御製の御歌を納めている竹筒である。

容保父子の賀籠は薩摩の一小隊が先導となり、上州の一隊がその後を擁した。

賀籠は、城を出て、北追手門より博労町を過ぎ、滝沢村妙国寺に入ったが、薩長軍の兵士は、これを見て罵り、会津藩の士従は悲憤慷慨、皆涙を流し泣きじゃくった。

翌二十三日、城内の降伏者も、猪苗代に謹慎することになり、城を去った。

第八章　流罪

「会津降人」

降伏後、会津藩兵は全員、罪人とされ、東京や上越高田に送られ、監禁された。上越高田には約千七百人が送られ、四十人ほどの単位で高田領内の寺院に収容された。東京には二千九百人が送られ、飯田町火消屋敷、小川町講武所、松平豊前守元屋敷、神田橋門外騎兵屋敷、護国寺、芝増上寺、一橋門内御番屋などに分散収容された。

飯田町火消屋敷には旧会津藩事務所も開かれ、家老の梶原平馬と山川大蔵、公用人の広沢富次郎らが詰め、東奔西走、お家再興の運動を進めた。

新政府の最高指導者西郷隆盛は、会津藩の戦後処理を長州藩の木戸孝允《たかよし》に任せた。木戸は会津人を会津降人《こうじん》と呼び、きわめて冷たい態度でのぞんだ。

明治二年（一八六九）十二月七日、会津藩に対する戦後処分が宣告された。

容保は死刑を免れたものの領地、城は没収され、容保に代わって上席家老の萱野権兵衛が切腹した。

この年六月、会津表御薬園で誕生した幼君慶三郎（のち容大《かたはる》）を立て、藩祖保科正之の生家である飯野藩保科家を通じ、太政官宛てにお家再興の嘆願書を提出した。

容保は因州藩主池田慶徳《いけだよしのり》の屋敷で日々、家臣たちのつらい日々を想い、痛哭した。
一体、自分の人生は何だったのか。
考えれば考えるほど、虚しさがこみ上げるばかりだった。

領民の白い眼

会津領内の農民たちの反目は想像以上に強いものがあった。この問題を指摘したのは会津落城の半月後に会津若松を訪れたイギリスの医師ウィリアム・ウィリスである。
ウィリスは次のように会津若松の印象を述べた。

若松城の明け渡しののち、会津侯父子と家老たちが囚われの身として暮らしている寺（妙国寺）は、若松からちょっとはなれた、住み心地のわるそうな小さなあばら家であった。たまたま私がここをおとずれた時、会津侯や息子や家老たちが、約三百名の備前藩士に守られて江戸にむかうところであった。あきらかに侯と息子は大きな駕籠を利用することが許されていた。しかし、一緒に行く家来たちには粗末きわまりない駕籠があてがわれてはいたが、家老や従者らは徒歩であり、刀を奪われてまる腰のまま、まったくうらぶれて悄然たるありさまだった。護衛隊の者をのぞけば、さきの領主である会津侯の出発を見送りに集まった者は十数名もいなかった。

いたるところで、人々は冷淡な無関心さをよそおい、すぐそばの畠で働いている農夫たちでさえも、往年の誉れの高い会津侯が国を出て行くところを振り返って見ようともしないのである。武士階級の者のほかには、私は会津侯にたいしても行動を共にした家老たちにたいしても、憐憫《れんびん》の情をすこしも見出すことができなかった。一般的な世評としては、会津侯らが起こさずもがなの残忍な戦争を惹起《じゃっき》した上、敗北の際に切腹もしなかったために、尊敬を受けるべき資格はすべて喪失したというのであった。

戦争は、負ければ、世間の評価は、どんな場合もこのようなものだった。

会津人には冷たい感想だったが、領国を犠牲にした結果が招いた領民の反目だった。これは容保の失政というよりは、梶原平馬や手代木直右衛門らに状況判断の誤りがあった。

兵士と農民

かつて私が読んだ作品にE・H・ノーマンの『日本の兵士と農民』があった。ノーマンは明治四十二年、長野県軽井沢でカナダ合同教会派の宣教師の子供として生まれた。神戸のカナダ学院を卒業後、本国のトロント大学で、古典学を専攻した。さらにケンブリッジ大学で歴史を学び、ハーバード大学で日本及び中国の研究に携わり、その後カナダ外務省に入り、東京のカナダ公使館に勤務した。しかし、なぜか自殺を遂げた。

この本でノーマンが取り上げたのは、長州藩の奇兵隊だった。

長州藩は決して農民を封建制から解放しようとしたわけではないが、農民一揆のエネルギーを吸収し、農民反抗の力に、はけ口を与え、徳川幕府に対する政治闘争に導いたと指摘した。

会津を含め徳川軍は小銃を支給されてもその使用、あるいは新式訓練を受けることを拒み、昔ながらの弓矢、刀槍にこだわったと記述した。

必ずしもそうは言えないが、会津藩の場合、南会津の田島を除いて農兵組織はきわめて弱かった。特に猪苗代地区は弱く、領民が一致して国を防衛する体制をとれなかった。

その原因は藩祖保科正之が制定した会津藩の憲法「家訓十五条」を引きずりすぎたことにもあった。

保科正之は、会津藩に対し幕府への絶対忠誠を求めた。隣国の米沢藩主上杉鷹山《ようざん》は、「人民は国家に属したる人民にて我私すべきものにこれなく候」と人民本位の政治思想を貫いた。この違いは大きかった。

京都守護職は物心両面にわたり莫大な負担だった。すべては国元の安泰が一番である。当てにならない徳川慶喜に辞表を突き付けて帰国する勇気も必要だった。容保は自らその機会を失した。これも決断力の不足だった。

挙句の果てに容保は、慶喜に見捨てられ、袋叩きに遭った。滅私奉公《めっしほうこう》の悲劇だった。

藩士の蝦夷地追放

会津藩士をどう処分するか。

明治政府は当初、会津降人を蝦夷地開拓に投入する方針だった。

これを聞いたとき、容保は思わず落涙した。これでもかこれでもかと会津人に過酷に当たる薩長閥に無念の思いを抱き続けた。

なぜこうなってしまったのか。考えれば考えるほど理不尽なことだった。

この問題を考察した会津若松市の中沢剛氏は「明治五年余市会津人の生活」(『民衆史研究第9号』)で、木戸孝允が北海道開拓の推進に当たっている松浦武四郎《まつうらたけしろう》に宛てた次の書簡を紹介した。

「会津降伏人之処(分)も、いよいよ北地の論に一決いたし候。遂々軍務(兵部省)とも相談いたし置候。一万余人を彼地に相移し候と申す事。中々容易に御座なく候ところ、先だって来、会津人潜居いたしおり候面々にも面会、咄し、得《とく》と朝廷御旨趣も申開かせ候ところ、一統意外に奮発仕居候ように相察し、朝廷の御為、粉骨尽力したき存念にて、主人重罪の万分の一を相償ぎたきとの志も相見之、いかにも可憐の至りにて、かつまた朝廷においても今日に至りては、天下御一新にて、会津人といえども、到るところ皇国の民につき、この上は一人もその処を得られるようにとの恩は申上げるまでもない」

というものだった。

木戸という人物には、血も涙もない男だった。

会津藩と長州藩は、血塗られた怨念の関係だった。こんなことがよく言えるという文面だった。京都守護職時代、会津藩は徹底的に長州藩を憎んだ。新選組が長州藩士を斬殺した。だが、すべてはもう終わったのだ。

しかし、木戸は会津を憎むあまり、終始極刑を主張した。徹底的に会津を嫌った。とことん報復で臨んだ。

方針が示されたのは明治二年二月である。具体的な移住方法について軍務官に委任し、同時に参議の木戸に対して「その方において取扱致候に付、軍務官と取計うべし」と指令した（『木戸孝允日記』）。

軍務官は兵部省の前身で、最高責任者は小松宮彰仁親王《こまつのみやあきひと》だった。実態は傀儡《かいらい》であり、実権を握るのは木戸だった。

木戸の本音は、美辞麗句の書簡ではなく、とことん会津人を苛め抜く冷酷なやり方だった。

明治国家が誕生したが、必ずしも順風満帆ではない。戊辰戦争に参戦した兵士たちの処遇もままならず不平士族が充満していた。これに会津人が加われば、新たな内乱が起こりかねない。

会津人を可能な限り遠国に飛ばす必要がある。それが本心だった。しかし当時、蝦夷地は榎本武揚の蝦夷島政権下にあり、直ちに実行されたわけではなかった。

明治二年（一八六九）七月八日の官制改革で、軍務官は兵部省と改称され、また開拓使が設置された。そこで兵部省は改めて「会津降伏人始末荒目途」を作成、会津降伏人総数一万七千人のうち、二年に四千人、三年に八千人、計一万二千人を蝦夷地に移住させる計画を立てた。

それに必要な家屋は三千戸、さらに厩《うまや》の建築や農具、給与などの費用四百六十万円と米高九万石の下付を要請した。

これに沿い明治二年九月、会津士族百世帯が小樽に渡った。しかし、明治政府の蝦夷地開拓の変更で、会津藩の身の振り方は兵部省から北海道開拓使に変更になったため、会津人は小樽で足止めを食った。

開拓使は薩摩の担当となり、成人男子が少ない会津人では開拓が困難と判断されたためだった。

情の人

替わって会津藩に与えられたのは、陸奥の地だった。

明治三年二月、会津藩総代の梶原平馬と山川大蔵が北海道開拓使に出頭を命ぜられ、南部藩の一部、下北半島を中心とする陸奥の地に三万石の領地を与えると伝達された。本州最北端の地ではあるが、北海道よりはまだましだと考えた。陸奥は東北の中で最後まで抵抗した南部藩の領地である。土地は広いし、人口も少ない。

「ここならいいだろう」

と黒田が決めたのだった。

黒田は人情に厚い男だった。父仲左衛門は四石取りの下級武士で、黒田は古ぼけた棟割長屋で育った。長じて西郷に可愛がられ、鳥羽伏見の戦争では小銃一番隊長として活躍、北越戦争では参謀として辛酸を嘗めた。

木戸との違いは、相手の立場にたって判断することが出来ることだった。

陸奥の地は、南部藩から取り上げた土地である。金田一《きんだいち》以北、二戸、三戸、下北の三郡が会津に与えられた領地だった。

一時期、この三郡は津軽藩が取締りを行ったが、南部と津軽はすべて水と油である。これらの地区の住民から猛反対が起こった。そこで関東の黒羽藩《くろばね》を取締りに変えた。

黒羽藩は一万八千石の小藩だが、会津攻めに功績があり、論功行賞となった。

黒羽藩では家老村上一学を現地に派遣し、三戸代官所で、南部藩代表の新渡戸伝《にとべつとう》との間で引継ぎが行われた。しかし、二年足らずで斗南藩の領地に替わる。

陸奥は本州最果ての地ではあるが、海を渡れば北海道である。痩せこけた土地ではあったが、陸奥湾があり、ここを拠点に貿易を興すことも夢ではなかった。北海道と本州の接点であり、海に期待を抱く人もいた。

広沢の疑念

陸奥移住の準備に当たったのは公用人の広沢富次郎である。富次郎はもともと会津での戦争に懐疑的だった。

薩長の軍事力を熟知していたからである。

たとえ奥羽全体が加担したとしても薩長の破竹の勢いを止めることは無理だと判断した。

軍事費の調達、兵の養成、どれをとっても一朝一夕にできるものではない。海軍力がないことも、会津にとって不利だった。また、この時期に日本人が争えば、内乱に乗じて外国が攻め寄せることも考えられる。

「戦争回避が日本のためだ」

鳥羽伏見の戦いに敗れ、江戸に戻った富次郎は、必死に和平の道を探った。

江戸でこうした政治工作に当たったのは富次郎だけではない。外島機兵衛、柏崎才一、浮洲七郎、小出鉄之助、南寅次郎、水島純らもそうだった。

頼りは幕臣の勝海舟、大久保忠寛である。しかし勝は、

「いまさら遅いよ」

と当初は冷淡だったが、

「広沢さんでは、むげにはできない」

と最後は薩摩の益満休之助《ますみつきゅうのすけ》を紹介してくれた。益満は、かつて江戸で大暴れし、鳥羽伏見の戦いを引き起こした仕掛け人である。富次郎は益満を通して西郷にとりなしを依頼した。

「わかった。勝先生の頼みとあれば、西郷によく話をしておこう」

と益満はいい、富次郎が持参した嘆願書を受け取ってくれた。数日後、益満から呼び出しがあり、

「会津のことだが、徳川家の解決に目鼻がついたので、次は会津のことを解決することになった。あなたの藩も良くなるだろう。西郷がそういっていた」

と返事を運んで来た。そして、西郷との会見日を伝えてくれた。富次郎は小躍りし、会津出身で幕府に仕えている林三郎と一緒に江戸藩邸に西郷を訪ねた。

薩摩に捕らわれる

ところが出て来たのは西郷ではなく、海江田信義だった。海江田は薩摩の尊王攘夷派で有名な有村三兄弟の一人である。富次郎は海江田とも旧知の仲であり、京都で何度か酒食をともにしていた。

「広沢さん、貴殿の嘆願書は朝廷に伝達しました」

と丁寧な応接だった。しかし、真偽のほどは分からない。そのうちに関東で戦いが始まった。会津藩兵も戦いに加わっている。何度目かの会談の後、益満は和平工作が困難になったと富次郎に伝えた。残された道は西郷との直談判である。

富次郎は単身、江戸の大総督府に乗り込んだ。しかし、西郷は姿を見せず、着剣した兵士に有無をいわさず捕らえられ、獄舎に押し込まれてしまった。

だから富次郎は会津戦争を知らない。江戸の獄舎で人づてに会津の悲報を聞き、日夜、無念の涙を流し続けた。

藩内の対立

陸奥移住をめぐって、東京と地元の間であわや抜刀騒ぎとなる出来事もあった。新政府が示した陸奥移住に対して地元組は猪苗代がいいと反対した。

富次郎の一族、広沢安宅《ひろさわあんたく》の『会津志士伝稿本』にこう記述されている。

はじめ封土がまだ定まらざるや、士族の封土論二派に分かれる。一つは斗南の地とし、一つは旧会津藩領土のうち一部を得るを可とし、互いに論争して譲らず。久茂は斗南説を主張す。しかして反対派は墳墓の地を去るは不可なりとて他に移転するを欲せざるなり。

久茂いわく、今日の急は糊口《ここう》の路を開くにあたり、故郷に恋々する時にあらず、彼等言塞《ふさ》がる。しかれども激怒、某首領（町野主水）は遂に剣を抜いて久茂に迫る。久茂徒手にてこれを払い、事なきを得たり。

猪苗代は会津若松に近いため新政府部内の警戒感も強く、加えて猪苗代には二万人の藩士と家族を受け入れる余地はなく、実現は不可能な話だった。

史談会速記録

『史談会速記録』に、その間の事情が記載されている。

この本は幕末維新に関する実歴談を集めた資料集で、そのなかに、「故岡谷繁実《おかのやしげざね》君の戦争後の会津に関する実歴談」があった。

それによると、明治二年（一八六九）八月二十一日に旧会津藩士大庭恭平が、幽閉されている越後高田を脱走して、旧館林藩士・岡谷繁実を訪ね、旧会津藩を猪苗代五万石で再興したいと陳情した。

そこで岡谷は岩倉具視や長州の広沢真臣《ひろさわさねおみ》に会い建議したが、受け入れられず陸奥三万石に決まったとあった。猪苗代の説は空論、当初からない話だった。

北斗以南皆帝州

新しい藩名は斗南藩と決まった。

たとえ本州最果ての地であっても、ともに北斗七星を仰ぐ皇国の民であるという意味がこめられていたとされている。

「よき名前だ」

容保も満足だった。

京都守護職として、中央に君臨した会津の誇りが、彼らを最後まで戦わせた。あれから、まる二年の歳月が流れた。会津降人とさげすまれ、捕らわれの身にある旧会津藩士の名誉を回復し、生計の途を立てたい。旧会津藩首脳の悲願は、この一点にあった。

その悲願が叶い、旧南部藩の地に三万石の土地が与えられ、あわせて北海道の太櫓《ふとろ》、歌棄《うたすつ》、瀬棚《せたな》、山越《やまこし》の四郡の支配を命ぜられたのである。

陸奥移住者の出立

記念すべき第一便の出航である。北海道への移住希望者がこの春、出航しているので、第二便といえなくもないが、お家再興の中心はあくまで陸奥の国。この船が第一便といってよかった。

やがて出航の時が来た。富次郎と永岡は手を振って艀に乗り、沖の本船に移った。

本船は八百トンほどのアメリカの貨物船で、船長は赤銅色をした鼻の高いアメリカ人、水夫は中国人だった。

蒸気船の多くはすでにスクリュー型だったが、このオンボロの貨物船は、両舷に大きな外輪があり、バシャ、バシャと音を立てて、ゆっくりと港を出た。

海は見渡す限り蒼《あお》一色で、頬にあたる風も心地よく、旧会津藩士たちは、長い幽閉生活から解放され、笑みを浮かべて船旅を満喫した。しかしそれもほんの束の間で、波が高くなるにつれて船は前後左右に激しく揺れ、藩士たちは甲板のあちこちで、ゲーゲー吐き、後は狭い船室で死人のように横たわった。

行先は奥州八戸《はちのへ》である。

富次郎は下北半島を、改めて見つめた。半島は鉞《まさかり》のような形をしていた。突端は大間《おおま》岬である。

ここからは北海道の箱館が、目と鼻の先である。

富次郎は立ち上がって甲板に出た。

品川の空は蒼天だったが、いつの間にか、真っ黒い雲が矢のように走り、巨浪が船べりを叩いていた。

白い泡を立てながら外輪が悲鳴をあげ、煙突からは、黒煙がもうもうとあがり、船は必死に浪と戦っていた。

富次郎は恐ろしい形相の海を見つめながら、これからのことをあれこれ想った。

一行は六月十九日に八戸に上陸し、翌二十日に三戸《さんのへ》に入り、広沢らはここから野辺地、田名部に向かい、移住者一万数千人の受け入れの準備に取り掛かった。

「やあ、なんとなんと、大関さま（黒羽藩主）は行く、会津さまがくる」

と近郷の人々ははやし立てた。

会津から老人や女、子供をまとめ本州最北端の地に移住させる事は容易ではなかった。

「新潟から船で陸奥に行くのだ」

と、移住の総責任者山川大蔵が説明すると、人々は皆、尻込みした。会津は山国であり、船に乗るということが、頭に浮かばない。それをなんとか説得したが、どうしてもだめだと言い張る人は陸路とした。

笹沢魯羊

斗南移住の模様について、いくつかの記録が残されている。

大正時代に『下北新報』を創刊し、下北半島のジャーナリストとして活躍するかたわら、地方史の研究に取り組み、さらに大畑町長を二期務めた笹沢魯羊《ろよう》の『下北半嶋史』に次の一節がある。

斗南藩先発の諸氏が田名部《たなぶ》へ到着したのは、明治三年五月二日である。ついで六月十日夜、安渡《あんど》へ汽船で到着した一千五百人の一団があり、十二日には野辺地《のへじ》上陸の一部も田名部に到着した。

移住者の半数は取りあえず寺々へ集団的に合宿し、他の半数は五人、六人ずつ町家へ分宿した。二十日ごろには村々の割当て人数も定まりそれぞれ引き取ったが、一時は中々の混雑であった。

田名部では家ごとに軒提灯を吊して祝意を表した。会津藩士四千戸のうち、新封の斗南へ引き移った者はおよそ二千八百戸で、残り千二百戸のうち三分の二は、帰農して会津に踏みとどまり、残り三分の一は東京または隣県に移った。

柴五郎の航海

有名な柴五郎は東京組だった。

『ある明治人の記録　会津人柴五郎の遺書』の主人公である柴五郎は、下北の地で苦難の少年時代を過ごした。

その後、陸軍幼年学校、陸軍士官学校へ進み、北京《ぺきん》駐在武官のとき、義和団《ぎわだん》事変に遭い、五十日間の北京籠城をなし遂げ、一躍注目を集める。
『ある明治人の記録』は、読む人の類をぬらす。そこに航海の模様が記述されていた。

父上は北上する前に、自害せる肉親の墓を弔いたしと、ひとり会津に帰り、陸路北上して再会せんと出発せらる。五三郎、四朗の両兄は東京に残留し、将来のため勉学することとなり、余は太一郎兄とともに二百余名の同行者と汐留《しおどめ》（新橋）より艀《はしけ》にて品川《しながわ》沖にいたり、八百トンばかりのアメリカ蒸気船に乗船せり。この船は左右の舷側《げんそく》に大なる水車をつけこれを回転して進む外輪船にて速力おそく、船室また暗くせまくして乗客鮨詰《すしづ》めなり。余はこの甲板にて初めて西洋人、中国人を見たり。

山国の者なれば初め海上生活珍しく燥《はしゃ》ぎいたるも、沖に出つるにしたがい次第に言葉少なになり、やがて顔色褪《あ》せ、横になりて水もとらず。余の船酔《ふなよい》もっとも激しく、死人のごとくなりて笑いを買いたり。（中略）

波高き日は沿岸の漁港に避け、風吹けば島陰に入り、左右の舷側に白き泡をたて、黒煙を吐きつつゆるゆると北上をつづけ、はるかに下北半島を迂回《うかい》して風荒き陸奥湾に入る。目的地野辺地《のへじ》港に着きたるは六月も半ばをすぎたる頃なり。

とあった。恐ろしい冬のことなど考えもつかなかった。

着の身着のままの流浪の民

明治三年五月二十五日の「民部・大蔵両省宛の若松県の上申書」に移住の概要が記されている。

旧会津人員　二万人
内
およそ二千人、若松にて帰農
およそ千二百人、東京にて在留
およそ二千人はあいまい
残り一万四千八百人
斗南藩へ引移る。

これらの人々が各地に分散収容された。

下北半島の場合は、中心地の田名部のほか、川内《かわうち》、大畑《おおはた》、風間浦《かざまうら》、大間《おおま》、佐井《さい》、脇野沢《わきのさわ》、東通《ひがしどおり》などにまんべんなく割り当てた。

加えて会津の人々は僅かな手荷物しかない、着の身着のままの流浪の民だった。受け入れた地元の人々とて、生活に余裕があるはずも無く、本音は歓迎されざる人々だった。

藩庁は田名部の中心地にある円通寺《えんつうじ》に置いた。

これを機に斗南藩首脳は名前を変えた。山川は浩《ひろし》、広沢は安任《やすとう》、永岡は久茂《ひさしげ》である。

広沢安任は、円通寺の一室で、来る日も来る日も移住者の名簿をめくった。幼な子や老人も大勢いる。どう暮らしているのやら、そう思うと夜も眠れなかった。

会津では農民対策に失敗していたので、ここでは最大限に配慮した。領民から税をとるのではなく自ら額に汗して働くことを求めた。しかし、それはせいぜい山に入って山菜を採ったり、海辺で海藻を拾ったりするぐらいのことだった。

広沢は京都時代に妻を娶ったが、あの動乱で別れ別れになり、今は独り身だった。

山川浩と永岡久茂は、家族持ちで、山川は母と妹常盤十六歳、捨松十四歳の三人を連れて移住、永岡は母と妻の三人家族であった。

時おり、倉沢平治右衛門が野辺地から訪ねて来た。倉沢は野辺地にとどまり、野辺地を本拠地に三本木原、十和田方面の開拓も目論んだ。

倉沢は四十六歳。広沢より六歳多い。江戸昌平黌でも先輩であり、日ごろ尊敬する人物の一人であった。

皆が懸念するのは、厳しい冬を越せるかどうかだった。

第九章　意識改革

廃刀令を出す

このような土地で、果たして会津藩の復興が可能なのか。斗南藩の首脳は、日々苦しみ悶えた。飢えと寒さに耐えかね野垂れ死にしてしまっては、天下の会津藩の看板に泥を塗ることになる。最高指導者、権大参事の山川浩は、まず侍の意識を捨てることだと考えた。

「廃刀令を出す」

山川は宣言した。

武士の時代は終わったのだ。刀を差して歩かなければ、人を統治できないように考えている者がいるとすれば、大きな誤りだ。そんな時代は終わったと、山川は強く説いた。

農民を無視して戦い、敗れた会津戦争の教訓があった。

山川浩は二十一歳のとき、幕府外国奉行小出大和守に随行、ヨーロッパ経由でロシアに渡り、先進地を視察した。知性、胆力に優れ、鳥羽伏見の戦いでは、敗れた兵をまとめ、最後に大坂を脱出した。

戊辰戦争が始まるや、日光口での旧幕府歩兵奉行大鳥圭介とともに戦った。大鳥は、著書『南柯《なんか》紀行』のなかで、

「性質怜悧なれば、百事打合わせ、大に力を得たり」
と書き残していた。

苦労人広沢安任

若い山川浩を補佐し、藩内をまとめるナンバー2が広沢だった。山川浩は広沢に全幅の信頼を寄せ、一任した。

広沢は天保元年（一八三〇）二月、下級武士の次男として会津城下に生まれた。父が早く亡くなったため母を助け、働きながら藩校日新館から江戸昌平黌に学んだ。主君容保に従って京都にのぼり、公用方として活躍した。

少年時代から先見性に富み、会津藩上洛のおりは軍艦を使うよう進言した。これは国家老の反対で実現しなかったが、時の流れを見るに敏で、薩長の志士とも積極的に付き合い、天下国家を論じた。

新選組近藤勇、土方歳三とも昵懇《じっこん》の間柄で、幕臣では勝海舟や福沢諭吉、渋沢栄一と交流があった。才能を疎まれ、一時、閑職に追われたこともあったが、薩長政権下で会津藩再興を果たすには、広沢が最適として少参事に選ばれた。

広沢の母想いは有名で、人の心が分かる苦労人だった。

広沢は詩人でもあった。広沢が江戸昌平黌に入学する時、「大義によって根本の道をあけようと思う。ひとたび決心すれば疑いはない。ささいなことで、言い争いはせず、至誠であれば、天を貫く時がある」

という気宇壮大な詩を詠んだ。これに加えて広沢は、実学の精神にも富んでいた。駐日イギリス公使館の一等書記官、アーネスト・サトウに師事して、英書の勉強も行い、西洋事情にも通じていた。

その広沢が全身全霊を尽くして、この陸奥の大地に闘いを挑んだのだった。この時、四十歳だった。

寒立馬

広沢は牧畜に注目していた。それはここが南部藩の馬産地であり、下北半島の奥地は難しいが、太平洋岸は牧畜に有望と見ていたからである。

尻屋《しりや》から三沢まで、一直線に海岸線が延び、その距離は二十里（八十キロ）。周辺には小川原湖《おがわらこ》、田面木沼《たもぎ》、市柳沼《いちやなぎぬま》、鷹架沼《たかほこぬま》、尾駮沼《おぶちぬま》などの湖沼地帯もあり、実に変化に富んでいた。そして尻屋《しりや》崎《ざき》には、寒立馬《かんだちめ》の姿が見られた。

別名田名部馬と呼ばれる半野生の馬である。骨格が太く、肉が厚く、柔らかな毛で覆われていた。厳冬を越して来た強靭な馬たちであった。

田名部、野辺地、七戸、五戸、三戸でセリが開かれており、鹿毛、栗毛、黒毛、芦毛とさまざまな馬がいて、見事なものだった。

熱血の人、永岡久茂

永岡は激しい熱血漢であり、ロマンチストであった。彫りの深い容貌、少し乱れた髪が、玄人筋の女をしびれさせた。

談論風発、話題は世界に広がり、決して人を飽きさせることはなかった。

永岡は田名部の商人を集めては、天下国家を論じた。話を聞いているうちに、安渡の港が横浜や長崎の港のように賑わってくると感じた。雄弁な語り口は、人を引きつけるのに十分だった。安渡と大平を合併させて、大湊とする案はもともと広沢の構想だが、永岡もこれを大いに推進した。

また田名部や安渡の回船問屋から資金を集め、洋式帆船安渡丸を購入した。安渡丸の訓練基地は、下北ではなく、東京に置いた。しかし訓練中、房総沖で遭難し難破した。これで海運の道は絶たれてしまった。

斗南藩最高幹部は山川、広沢、永岡の三人だったが、短期間、五戸に責任者を置いた。

倉沢と内藤

一時期、少参事を務めた倉沢平治右衛門は剣術、手裏剣《しゅりけん》、柔術の達人で、京都時代は主君容保の側近として活躍、中川宮家に仕たり、幕府目付など歴任、会津藩では異色の存在だった。同じ若年寄の上田八郎右衛門は実兄である。

倉沢の家族は奇跡的に全員無事で、両親と妻、子供三人と一族五人の計十二人で移住してきた。一時期、野辺地支庁長もつとめ、後に五戸に移住。漢学塾を開き、地域の青年に大きな影響を与えた。

同じ五戸には内藤介右衛門もいた。梶原平馬の実兄である。内藤家は武田信玄麾下《きか》の武田二十四将の一人、内藤昌豊《まさとよ》の流れを汲む名門で、平馬、信臣《のぶおみ》の二人の弟と、とく子、つぐ子、せい子の三人の妹がいた。

信臣は彰義隊に入って、上野の山で戦い、のちに捕らわれて斬首、弟平馬は梶原家に養子に入り、介右衛門とともに主君容保の側近中の側近として活躍した。敵が城下に攻め込んだ日、介右衛門は国境の守備に就いており、父、母、妻、二人の子供、三人の妹が菩提寺の泰雲寺《たいうん》で喉を突いた。

「流浪の民」から「自主の民」へ

会津図書館に『斗南藩職員録』がある。そこに二百二十余人の名前と肩書きが記されている。当初は百二十人前後だったが、夏、秋、冬と移住者がふえるにつれて職員の数も増えていった。司教局、司民局、会計局、監察局を置き、その下に戸籍、租税、社寺、駅逓、金穀の出納、用度、営繕、警察、裁判、軍事掛をおいた。諸木植立方、諸生取立方などさまざまな役職もあり、刑務所もおかれ、何人かの捕り手がいた。

膨大に広い陸奥の地を統轄、民心を治め、産業を興し、学校を開き、領地を開発しなければ会津の再生はない。斗南藩首脳は陸奥開発という遠大な理想を高く掲げ、日々、激論を重ねた。広沢は農業や牧畜について資料を集め、永岡は水産業や商業の振興について、田名部の有力者と懇談した。

この地域を豊かにするには思い切った施策、たとえば海運業を興すなども検討しなければならなかったが、十年、二十年の歳月を見込んで考えなければ、開発などできるものではなかった。

斗南藩の藩政は大参事、少参事の双肩にすべてがかかっていた。

山川は、刑法、司法、学校、開産、会計、庶務、救貧所などを置いた。各掛の長である大属《だいさかん》は山川、広沢、永岡の息のかかった人物が務めた。

一人は司民掛《がかり》の小出鉄之助である。年齢は山川と同じ二十五歳。主君容保の小姓を経て、江戸で古屋佐久左衛門《ふるやさくざえもん》の塾に入り、洋学を学んだ。

青春は時として意外な出来事に遭遇する。ある夜、同門の塾生と向島で遊び、放歌高吟して帰るところを、番所でとがめられた。会津藩は戒律が厳しい。ささいなことでも藩の名誉を傷つけると、即帰国である。

小出にも帰国の命令がでたが、師古屋佐久左衛門は小出の才能を惜しみ、脱藩して海外に留学することを勧めた。小出は古屋の意見に従い、横浜から出帆しようとしたとき、鳥羽伏見の戦いが始まり、戦火は関東から奥羽に広がった。

これを知った小出は洋行を断念して、山川のもとに駆けつけた。山川がいかに小出を信頼し、また頼りにしたかは、自分の妹操《みさお》を小出と結婚させたことでも分かる。小出と操は夫婦仲がよく、仕事が終われば、二人で畑を耕し、ソバを植えていた。

もう一人は、学校掛兼司民掛開拓課の竹村俊秀《たけむらとしひで》である。剣術の名手で会津戦争のとき、狙撃隊長を務めた。後に竹村は永岡久茂の門に入り、政府転覆を企て、思案橋《しあんばし》事件で獄死する。

会計掛の野口九郎太夫は、江戸でフランス式兵法の教練を受け、越後の戦いに加わった。胸部貫通の重傷を負ったが、幸い快癒し、会津落城直後、二人の少年を連れて、越後に脱走した。

少年は山川の弟健次郎と小川亮である。ともに藩校日新館の秀才で、会津に同情的な長州藩士、奥平謙輔《おくだいらけんすけ》に預けるためだった。

健次郎は後にアメリカに渡り、名門エール大学で物理学を専攻、帰国して東京大学に勤め、総長まで昇りつめる。小川も陸軍士官学校に入学、軍人になる。

このほか刑法掛・大庭恭平は、京都時代、会津藩の密偵として暗躍し、敏腕で知られていたし、刑法掛柴太一郎は柴五郎の長兄で、広沢子飼いの青年である。開産掛・雑賀孫六郎は、榎本武揚の艦隊に加わり、室蘭の開拓に当たった経験を持っていた。

斗南藩首脳の考えは、どんなことでもよいから、各自が生計の道を立て、「自主の民」となることだった。斗南での会津人の暮らしは日々の食事にも事欠く流浪の民であった。生活万般を政府の救助米に依存し、さらに地域住民に頭を下げなければ、三度の食事にありつけないのだ。ここから復旧、復興を目指すには、武士を完全に捨てることだった。

住まいの確保

当面の急務は、住まいの確保だった。

山川や広沢は田名部の周辺を探索し、選んだのが田名部の中心地から一里（約四キロ）ほど離れた妙見平《みょうけんだいら》だった。山川はこの地を斗南ケ丘《となみがおか》と命名した。

第一期工事は一戸建て三十棟、二戸建て八十棟の住宅だった。一戸建ては五間×三間の大きさで、入り口は土間、それから一家の居住区、奥に小さい部屋が二つあった。

二戸建ては七間×四間半で、入り口は二つあり、土間、共同の居住空間と共通の広間、それから各自の個室があった。便所は別だった。屋根は木羽葺き、積雪に耐えられるか、いささか心配であった。

住居の前に、間口十五間、奥行十七間、二百五十坪の荒地を払い下げた。ここを耕して、食糧の自給に当たらせるためだった。

井戸は十八カ所を掘った。

バラックの掘っ立て小屋だったが、納屋や物置での暮らしよりははるかにましだった。

港が見える大平地区にも三十棟の住宅を建て、野辺地、三本木、五戸、三戸、三沢にも順次住宅を建て間借りしている人々を収容していった。

資金をどのようにして確保したのか、詳細は分からないが、推計三千両が必要だった。

地元の人々の見る目は冷ややかだった。

斗南藩三合扶持《ぶち》が足らぬとて
　焚かぬ前から釜臥の山

というざれ歌がはやった。斗南藩には新政府から一人一日三合の扶助米が支給されただけで、現金収入がまったくない。米を売って生活費にあてたので、飯焚きの釜は臥せられたままだったという意味になる。

いつの場合もどこであれ、物事には賛否両論があり、斗南藩を歓迎する人、迷惑に思う人、それは人さまざまであった。なかには罪人とののしられ、いじめに遭う子供もあり、山川らは歯ぎしりして悔しがった。

薩長藩閥政府の高官たちは、広大な邸宅に住み、月給七百円、八百円という信じがたい高給をむさぼり、かつての大名のような暮らしをしているというのである。

斗南藩の月給は山川が三円、広沢、永岡は二円、平職員は一円である。あまりの格差にあいた口がふさがらない。

大半の会津人は路頭に迷い、希望の光はなかった。どこから考えても開拓は不可能に近く、斗南藩は早くも存立の危機に立たされた。

正月が来ても会津の人々はじっと家にこもり、粥をするだけだった。子供たちは飢えと寒さで目をギョロつかせ、栄養不良のために壊血病にかかっていた。

冬に入ると生活はさらに厳しくなり、この地を離れる人も出始めた。婦女子のなかには、おもいあまって田名部の商人の妾になる者もいた。

「この境遇が、お家復興を許された寛大なる恩典なのか。生き残れる藩士たち一同、江戸の収容所にいたとき、会津藩再興を聞き、これぞ天皇の思し召しと感泣した。この暮らしはなんだ。思し召しなのかはばからず申しあげれば、この様《ざま》はお家復興ではない。流罪《るざい》にほかならない。挙藩流罪《きょはんるざい》という史上かつてなき極刑ではないか」

と、柴五郎は、のちに自伝の中で薩長藩閥政府を痛烈に批判した。

新渡戸に泣きつく

斗南藩首脳は、地域の有力者を訪ね歩き、協力を求めた。資金の援助も依頼した。その一人が十和田開拓の功労者七戸藩大参事・新渡戸伝《つとう》だった。

「武士道」を世界に広めた新渡戸稲造《いなぞう》の祖父である。伝は眼光鋭く、矍鑠《かくしゃく》たる老人である。年齢は七十歳だったが、年を感じさせない若さがあった。

「七《しち》の戸辺《へへん》に三本木台《さんぼんぎだい》という野原あり。只平々たる芝原《しばはら》にて、四方目にさわるものなし。(中略)

其間に人家《か》もなく樹木《じゅもく》も一本も見えず、実《じつ》に無益《むやく》の野原《のはら》也」と、橘南谿《たちばななんけい》の『東西遊記』にあったが、以前、ここには三本の木しかなく、そこから三本木とつけられたという逸話があるぐらい、なにもない原野だった。そこを開拓したのが新渡戸だった。

新渡戸は寛政五年（一七九三）に花巻に生まれた。南部藩士の家系だった。八歳の時、藩主南部《なんぶ》利敬《としたか》公に初めてお目見えしている利発な少年だった。しかし父維民《これたみ》は南部藩の内紛に巻き込まれ、下北半島に流された。新渡戸も下北に移り、侍をやめて商人になった。

そうしたことで、あちこち道草を食った新渡戸だが、六十歳の時、三本木原野の開拓を決心し、水源地も踏査し、三年後に三本木原開拓上水の願書を南部藩に提出した。

新渡戸の開拓事業は、十和田湖から水を引き、各所に水路を作り、開拓を進めるという遠大な計画だった。六十歳は当時としては相当な年齢である。危ぶむ声の方が多かった。

それをしり目に新渡戸は安政二年（一八五五）九月から万延元年（一八六〇）三月まで六カ年をかけて開拓を進め、東西三十里、南北八十里の大地に二千五百町歩の水田を開いた。信じがたい事だった。

広沢はここを訪ねて、ただただ驚くばかりだった。町も整備され、入り口の道路は幅十間、両側に松並木が植えられ、整然としていた。町の賑わいもなかなかのもので、近江商人吉野屋太助の呉服屋、和島屋銀蔵の酒屋、江渡屋忠兵衛の麹屋などが軒を並べていた。

新渡戸は何なりと相談に乗り、援助も惜しまないと語ってくれた。広沢はその言葉に感泣した。

山川を斬れ

その頃、東京出張所からは、定期的に機密文書が送られて来た。東京に出た梶原平馬が、新政府の動向を調べ、連絡して来るもので、このなかに藩を廃止する廃藩置県の情報があった。藩が県に変わるとどうなるか。

当面、主君が県知事になるだろうが、それはあくまでも暫定であり、いずれ、薩長の関係者が知事として赴任してくるだろう。

士農工商の身分制度も撤廃され、武士は存在しなくなるのだ。それは時の流れであり、避けられぬことであった。

藩という旧来の体制は過去の遺物にすぎず、郡県制度、四民平等が時の流れであった。藩内には、斗南移住の失敗を叫ぶ声も公然とあがり、

「山川を斬れ」

と、密かに画策する者も現れた。

「山川さんを斬ったところで、どうなるんだ。斬るなら俺を斬れ」

不穏な声があがるたびに、広沢は己の生命を賭けて説得した。しかし、どんなに説得したところで、人々の暮らしがよくなるわけではない。ますます苦況に陥ることは、火を見るよりも明らかだった。

問題は廃藩置県のあり方である。

斗南県では領地もせまく、とても生活は成り立たない。この際、小藩同士が合併し、大きな県を創ったほうが、より幸せな暮らしが出来るのではないか。三沢や八戸など温暖なところを含めて考えないと、発展は望めない。広沢はそう考えた。

五県合併

弘前、黒石、八戸、七戸、斗南の五県を合併させれば大県になり、産業の開発も効率よく進み、ここに住む人々の生活のメドも立つ。広沢は大胆な仮説を立て、八戸藩大参事・太田広城《おおたひろき》と話し合いを進めた。八戸、七戸はもともと南部藩の領地である。

問題は南部と津軽の対立だった。

南部氏は現在の岩手県の中部、北部と青森県全域を支配しており、強大な権力を保持していた。ところが南部氏の一族である津軽の大浦為信《ためのぶ》が南部氏に反旗を翻し、南部氏から離脱した。それ以来、南部と津軽はことごとく対立した。戊辰戦争のときも南部は会津に味方したが、津軽は奥羽越列藩同盟を離脱して薩長についた。

「津軽は信用出来ない」

という意識が南部にあった。だからといって朝敵のレッテルが貼られ、国替えになった南部につくよりは、新政府の信任が厚い津軽についた方が、なにかと有利になることも自明の理であった。

太田はしばらく唸っていたが、最後には広沢に一任した。

政府にどう理解させ、五県の合併を進めるかと、広沢は戦略を練った。

広沢の脳裡に新政府の実力者、大蔵卿大久保利通があった。大久保は幕末時、薩摩の最高幹部として京都に駐在、一時は会津藩と手を握り、京都から過激派の長州を追放した。その後、一転して長州と同盟を結び、会津と対峙した。

明治四年、広沢と七戸藩大参事の太田広城が大久保内務卿の官邸に出頭し、五県合併を陳情した。『青森県史』第八巻所収「八戸藩末地の偉材太田広城」に、この時の模様が大要、次のように記されている。

「元斗南県少参事広沢安任と熟議を遂げ、弘前、黒石、八戸、斗南、七戸の五県を合併して陸奥国内に一県を置くのが便利かつ有益であると太政官へ建議した。太政官は明治四年六月二十三日、二人を太政官へ召喚し、弁事田中不二麿《たなかふじまろ》、内田政風《うちだまさかぜ》が五県合併の建議に対し詳細な諮問を行った。また二十五日には大蔵省が二人を召喚し、大丞林友幸《はやしともゆき》の諮問があり、後に五県合併となった」

田中は尾張、内田は薩摩、林は長州出身の官僚である。

広沢はすべてを説得し、五県合併を実現した。その政治力は抜群だった。

第十章　最後の蜂起

政府転覆

永岡久茂は国内の不穏な情勢を踏まえ、政府転覆の機会を狙っていた。永岡は長州藩の反体制派である前原一誠や奥平謙輔と連携し、長州と会津の同時蜂起を企てた。永岡はどうしても薩長を許せなかった。特に長州の木戸一派に対して、敵愾《てきがい》心を抱いた。

山川は清濁併せ持つ柔軟さがあったが、永岡はかたくなだった。名参謀ではあるが、戦略家ではない。そういう批評もあった。

前原と奥平はともに個性的な人物だった。

前原は短期間ではあったが吉田松陰の門下生だった。そのとき松下村塾には、高杉晋作《たかすぎしんさく》、久坂玄瑞がいた。

「久坂は防長第一の俊才、高杉は胆略絶世の士、前原は隠然たる長州南部の一敵国」

と松陰は三人を評した。長州南部の反逆者とみた松陰の観察眼もするどかった。

前原は容貌風采ともに堂々としていたが、心はかたくなだった。木戸孝允、伊藤博文、井上馨《いのうえかおる》の三人を長州の三姦と称し、これらを葬らなければ日本は悪くなると豪語していた。

なぜ会津の永岡が長州の奥平と手を組むのか。それは木戸抹殺というその一点にあった。

山川は永岡の動きを察知していた。永岡と行動を共にしている竹村俊秀は山川の配下でもあり、竹村から常時、報告を受けていた。山川の心境は複雑だった。

前原と奥平は弟健次郎の恩人である。誰がどういおうが、そのことに変わりはない。しかし、今の自分は反体制派に加わるわけにはいかない。山川は自問自答した。

永岡もそのことは十分に承知していた。山川が佐賀に出兵した時期、永岡も九州を歴訪しており、

「もはや乗る船が違ってしまった」

と山川に手紙を寄こした。

ことを起こせば、国事犯として極刑に処せられるだけではない。せっかく築き上げた山川らの努力も水泡に帰す。だから我々だけでやる。そういう手紙だった。

突然の来客

明治九年（一八七六）十月のある夜、

「先生、竹村さんです」

と書生が山川に告げた。

今頃なんだろうと、山川は玄関に出た。心なしか、急《せ》いている感じである。

「まあーあがれ」

山川が客間に通した。

客間に座った竹村俊秀は、じっと腕組みをし、なにやら考え込んでいる。竹村が萩に向かい、前原と協議していたことは知っていた。

竹村は九月十三日に前原や奥平に会っていた。東西相応じて起つの意味で、

「ワタネアゲ」

「ミセビラキ」

の語句を決めていた。

若い若いと思っていたが、もう三十である。自信がみなぎる年代だが、竹村の顔がどこかさえない。生気がない。

「実はお別れの挨拶で参りました」

竹村が口を開いた。次にどのような言葉がでてくるのか、山川には察しがついた。

蜂起失敗

山川のもとに不吉な知らせが入ったのは、十月三十一日の朝であった。書生が『郵便報知新聞』

をかかえて駆け込んだ。山川が新聞を奪い取り、紙面に目を走らせた。そこに大きく一つの記事が書かれていた。

それによると十月二十九日深夜、日本橋小網《こあみ》町の思案橋から下総の登戸へ士族体の者が十余人乗り込んだ。その風体が怪しいため、船頭がひそかに交番に届け出た。

警部補寺本義久《てらもとよしひさ》、二等巡査河合好直、三等巡査木村清三、黒野巳之助が駆け付けると、賊はこうもり傘に仕込んだ日本刀で不意に斬り付け、寺本は即死、河合と木村は重傷を受けた。

前原と奥平から兵をあげるとの電報をうけとった永岡は、竹村をはじめ井口慎次郎、中原成業、中根米七らの会津人と千葉県庁を襲おうとして決起し、発覚したのだ。

計画では県庁を占領後、佐倉鎮台の兵を陣営に引き入れ、日光にたてこもり、会津人の決起をうながし、政府を転覆させるというものであった。

結果は無残な失敗だった。永岡は翌年一月、鍛冶橋の獄舎で刀傷がもとで獄死し、竹村と中原成業《しげなり》（高津仲三郎）は二月七日、市ヶ谷の獄で処刑された。

萩の乱は、およそ二千人が山口を脱して、三田尻、宮市に集り、反乱を起こしたが結局、鎮圧された。

前原は漁船で逃亡を謀ったが、暴風雨に行く手をさえぎられ、前原ら主導者八人は斬首され、四十八人が懲役刑となった。

容保の許にも詳しい情報が入った。

「永岡がなあ」

容保もじっと悲しみに耐えた。

いつも思うことは家臣たちに苦しみを与えた自分の責任のことだった。過去を振り返っても致し方のないことだったが、夜になると悲しみのあまり落涙することが、しばしばあった。

三浦梧楼の回顧

長州藩奇兵隊に属し、戦後、兵部省に出仕、広島鎮台司令官だった三浦梧楼《みうらごろう》は、山口の大本営を設け萩の乱の鎮圧にあたったが、前原について、

「正直な人だが少し愚痴な人であった。それだけに腹の底までとけず終に滅亡を招いた」

と語ったと、松本二郎著『萩の乱』にあった。

三浦にいわせれば、意見を異にしたとしても同じ政府部内におれば融和をはかる機会もあるではないか。官をやめたとしても東京に残っておれば、友人と語る機会もあろうが、田舎に引っ込んでは意思疎通がまったくなくなる。尾ひれがついて相互の溝は深まるばかりだ、と言うのだった。

そうかもしれなかった。

永岡がどのくらいの確率で前原らの蜂起が成功すると考えたのか、それは分からないが、最後の賭けと考えたに違いなかった。

会津の人々には、永岡の行動を非難する人はいなかった。山川も無言だった。

日光東照宮

明治十三年（一八八〇）、容保は日光東照宮の宮司になった。

まだ四十六歳だというのに、陽明門の入母屋造りの華麗な屋根を見上げる顔は精彩を欠いた。

容保は常駐ではなく、ときおり訪れるだけで、やがて西郷頼母が禰宜として赴任、容保の代理を務めた。

容保は荒れ果てたままになっている東照宮の再建に尽力した。

日々、顔を合わせるわけではなかったが、頼母とは、何度かは顔を合わせる機会もあった。そのとき、二人は何を話し合ったのだろうか。その記録は残されていないが、どこかに気まずい空気が流れたに違いない。決して饒舌なことはなかったであろう。

この時期の容保の写真がある。

山川健次郎監修『会津戊辰戦史』の口絵の中にある「徳川慶勝卿外三公写真」という容保の兄弟

「徳川慶勝卿外三公写真」（複製／海津市歴史民俗資料館提供／原資料は行基寺所蔵）

たちの集合写真である。

四人とも洋装の礼服を身に纏い、二人が立ち、二人が椅子に掛けている。

撮影の年月は明治十四年、五年頃とされているが、明治十一年説もある。

写真の容保は、明るい表情に写っている。長兄慶勝は山高帽子を持って立ち、以下、シルクハットを持った三人は、すぐ上の兄、一橋家に入った徳川茂徳、そして容保、弟の桑名の松平定敬だった。

久しぶりに兄弟に会ったせいか、このときの容保は元気そうだった。敵味方に分かれた四人の兄弟は、なにを語りあったのだろうか。興味が尽きない写真である。

六年ぶりの会津

日光東照宮の宮司として、容保がもっとも力を入れたのは、東照宮の永久保持である。財政難のため荒れるにまかせており、修理保存の資金確保も兼ねて、容保は、この間一度、会津若松を訪ねている。明治七年（一八七四）四月のことである。実に六年ぶりの帰郷である。

白河まで何人かの家臣が出迎えた。皆、土下座し声をあげて泣いた。誰もが、ただ泣くだけだった。容保の会津入りは公にはされなかったが、容保も感無量であった。

若松城址は、冬空に、くっきりと浮かび、容保も涙が止まらなかった。

仮設の掘っ立て小屋しかなかった目抜き通りも、藁屋根ではあるが家が建ち並び、人力車が走り、物売りの姿もあった。

旧人参会所に設けられた面会場には、引きも切らず人々が訪れた。容保は戦で夫を亡くした婦人には親しく声をかけ励ました。

会場は何人もの官憲が目を光らせており、容保の行動は著しく制限されたが、旧会津藩主従は手をとり合って涙にむせんだ。

容保は元若年寄の諏訪伊助の家に一カ月ほど滞在した。半月という説もあり、確かなことは不明だが、若松の町は心なしか賑わいを取り戻し、人々の表情に笑顔があった。斗南で食うや食わずにいたころを思うと、隔世の感であった。

往時は茫々

晩年、容保は東京に住んだ。容保は誰が来ても、答えは決まっていた。

「往時は茫々として、なにも覚えてはおらぬ」

と語り、あとは口をつぐみ、なにも答えなかった。

「趣味は」

これも人はよく聞いた。

「さあー」

自分でもよく分からないと答えた。

慶喜は狩猟、写真と幅広く楽しんでいたが、容保はじっと孤独に耐えた。

自分だけが楽しむことなど出来ようか。

いつも、そう思った。強いて趣味をあげるとすれば、和歌である。生涯で二千三百もの歌を詠んだ。

若い頃は人なみに恋の歌が多かったが、晩年はどうしても、家臣たちにおもいを寄せたものになった。

大君の恵のつゆのこの身にも
かかるへしとはおもわさりけり

明治十年(一八七七)、正四位に任じられた時、このように詠んでいる。

わたしのことを帝は忘れずにいてくれたのか、と率直に驚きと喜びを詠んでいた。

容保が病に倒れたのは、明治二十六年(一八九三)十月である。おもえば長く生きすぎた。常々そうおもっていたが、この年、秋風が吹く頃から胸や背中に痛みが生じ、床に就く日が多くなった。

山川浩は弟健次郎がつとめる東京帝国大学の付属病院へ入院をすすめたが、容保は、それを断り、自宅療養を望んだ。人間はいつかは死ぬ、無理して生き永らえて見たところで、何になろう。自然の形で終末を迎えるのがよい。

容保には、そうした人生観があった。皆が、あの世で余を呼んでいる。そんな気もした。

容保は家族とともに、自宅で最後の二カ月を過ごしている。最後の頃は激痛が全身を襲い、食事が喉を通らず、水を飲むのがやっとだった。

そんな時、皇室の侍医頭・橋本綱常《はしもとつなつね》が訪ねて来た。

秘書の浅羽忠之助があわてて容保のもとへ駆け込んだ。

「殿ッ、英照《えいしょう》皇太后陛下から牛乳を賜りました」

容保は身を起こして、侍医頭を見た。

それは瓶に入れた一本の牛乳であった。

容保は牛乳が嫌いで、あまり飲んだことがない。侍医頭は、それを知っていて、牛乳に珈琲と砂糖を加え、持参したのである。

容保はそばに仕える妾の佐久と名賀に助けられ、涙にむせびながら牛乳を飲んだ。

容保は一カ月後の明治二十六年（一八九三）十二月五日、孝明天皇の御宸翰をにぎりしめながら、静かに息を引きとった。

享年五十九。

波乱と苦しみに満ちた生涯であった。

翌四日、正三位に叙せられ、東京南豊島郡内藤新宿正受院《ないとうしんじゅくしょうじゅいん》に葬られ、大正六年（一九一七）に会津若松市東山の松平家御廟に移葬された。

生涯を容保とともに過ごした浅羽忠之助によると、容保は意志の強いところがあり、一度決めたことは決してぶれず、前に進む性格だったという。

京都守護職を受諾、そして家臣一同、京都から帰国を決めたとき、容保はならぬとこれを拒絶していた。主君も人間である、いろいろ、軋轢もあったろうが、家臣には慕われた殿様だった。

容保が抱き続けた無念のおもいが完全に晴れたのは、容保の孫・松平勢津子《せつこ》が秩父宮《ちちぶのみや》妃殿下として皇室に入った時である。

容保の死後三十五年目の昭和三年（一九二八）である。

会津人は狂喜乱舞し、

「多年の雲霧、ここに晴れたり」

新開の見出しが、この時の喜びをいまに伝えている。

戊辰戦争百五十年、会津の人々が一致団結して会津の正義を主張するのは、皇室に対し誠忠一途に生き続けた容保の人徳のなせる業でもある。

秩父宮勢津子妃殿下は、ご自分の作品『銀のボンボニエール』（主婦の友社）に「会津藩」という一文を寄せ、祖父容保の無念を世に伝えた。

会津藩

（略）

祖父は幕府の京都守護職に任じられていたころ、孝明天皇さまから、「万々の精忠深く感悦の至りに候、」に始まり、「その方精忠に候へば、密事たりとも、朕がのぞむ儀、貫徹いたしくれ候わんやと推察し、その上、何分多人を承知せしむる儀、兵権になくてはと、ふかく存じこみ候えば、その方へ依頼候、」との一節もある長文のご宸翰《しんかん》（手紙）を密々にいただいております。機密を守るため、ご宸翰は漢文で書かれ、御製を下賜されたように見せかけるため、御製とともに文箱にしっかり納められていて、伝奏衆《てんそうしゅう》というお役目の野宮定功《ののみやさだいさ》という方が、祖父の館まで持参されたとか。

それほど天皇のご信頼厚かった容保にとって、慶応二年、御年三十六才のお若さでの孝明天皇の突然の崩御は、陰謀、策略、暗殺の渦巻く動乱の時世のこととて、悲しみと痛恨の思いを禁じえなかったことでしょう。

祖父、容保の勤王の志を薩長は百も承知していながら、錦の御旗をひるがえすためには、東国各藩のうち、京都守護職時代から目の上のこぶだった憎い会津を敵にすることだったのです。新政府軍は東征大総督でいらした有栖川宮熾仁《たるひと》親王に会津征伐大総督も兼ねていただき、攻め寄せてきました。たとえその軍勢が薩摩と長州を中心とするものであっても、会津にとっては、錦の御旗がひるがえる前では、朝敵の汚名から逃れるすべはないのでした。

若松城を明け渡した後、死一等を減じられたものの、永禁錮《えいきんこ》の処分を受けた祖父は、東京へ送られて鳥取藩の池田邸にお預けの身となり、いったん領地のすべてを没収されていきます。けれども政府は、祖父の永禁錮の処分は一年足らずで解きました。そして、長男の容大《かたひろ》を立てて松平家の存立を認めるとともに、陸奥の下北半島の斗南《となみ》に三万石の領地を与えたのです。二十八万石の大藩から三万石の未開発の地へのお国替え。容大はじめ藩士たちは追われるように、ある者は新潟の海から船便で、またある者は奥州路を北に向かって移住していったということです。

明治八年に会津に帰って生計を立てることを許されるまでの五年間の過酷な生活は、お国替えのための移住というより、流刑同然であったとか。

祖父容保は明治五年に赦免されましたが、再び世に出ることはかたくなに固辞したといいます。明治九年十一月には、明治天皇の特別のおぼしめしをもって、従五位に叙せられ、累進して正三位となりましたが、明治天皇さまに対し奉ってはひたすら恐懼《きょうく》するのみであっても、「勝てば官軍」の立場にある側に対しては無念の思いを心に深く持ちつづけていたことでしょう。

（略）

心のこもった見事な文章だった。

松平容保は黄泉の世界で、涙を流しながら、この一文を読んだに違いなかった。

終章　私の容保論

藩のシンボル

江戸時代の殿様は、いわば藩のシンボルであり、家臣にとって扱いやすい人物が最高だった。松平容保も、基本的にはそういう類の人物だった。養子である容保が自らの使命と考えたのは、藩祖保科正之の家訓十五条を守ることだった。

徳川家のために会津藩は存在するという家訓である。その徳川家がおかしくなり、倒幕運動が起こるなど夢にも思わぬことだった。

大老を務めた彦根藩主の井伊直弼、薩摩の島津斉彬、佐賀の鍋島閑叟《かんそう》などは、例外中の例外だった。薩摩の島津斉彬は、外圧が日本に押し寄せ、日本に危機が到来すると予感したが、容保には、そうした危機意識はなかった。

長州藩の下級武士が幕末維新でリーダーシップをとったのも、主君の人柄と無関係ではなかった。自由に好き勝手に行動できたからである。

容保といえばよく知られていることは、京都守護職在任中、孝明天皇からいただいた御宸翰と御歌を肌身はなさず所持していたという逸話である。常時、所持していたわけではないだろうが、

「たやすからざる世に武士の忠誠の心をよろこびてよめる」

という歌は、容保が孝明天皇から絶大な信頼を得ていた証しであり、朝敵、賊軍にあらずという何よりの証拠であった。しかしテロリストにとって、天皇は都合のいい玉であり、とことん利用する存在だった。

会津藩士は、いかなる事態になっても一様に天皇を崇拝していた。

戊辰戦争に敗れた会津藩は、青森県の下北半島を中心とした旧南部藩の地に流されたが、斗南藩ナンバー2の広沢安任でさえ、明治天皇の東北巡幸の際、天皇を称え、必ず未開の地に光を与えてくださるだろうと信じていた。

会津人にとって天皇は全知全能の神だった。その天皇を手玉に取って、幕府を倒した薩長は、許すことのできない反逆者であった。

会津の不幸は、一枚も二枚も謀略に長けた薩長と公家集団が敵ということだった。

それに加えて絶対の信頼を寄せていた将軍徳川慶喜に裏切られ、容保はボロボロになって帰郷するしかなかった。

「もし、慶喜に逆らい、大坂に残っていれば、鳥羽伏見であのような無残な負け方はしなかったはずだ」

と、容保は自分を責め続けた。

「このままでは終われない」

それが容保の偽らざる気持ちだった。

江戸で荒らしまわる盗賊の住処、薩摩藩邸を砲撃した江戸市中見廻りの庄内藩も、会津と並んで朝敵とされたが、どこから見ても納得できるものではなかった。

庄内藩家老・松平権十郎が、会津藩に共闘を申し出た。

「薩長と戦う」

幕府陸軍も江戸から脱走した。

榎本武揚の旧幕府艦隊も江戸湾に錨を下ろし、事の成り行きを見つめていた。

薩長土肥の新政府軍、これに刃向かう旧幕府連合軍との対立は日増しに深まる一方であった。

会津藩士の多くは徹底抗戦である。異論を唱える人々も何人かはいた。家老では、西郷頼母、田中土佐、神保内蔵之助、国産奉行・河原善左衛門らは破竹の勢いの薩長には、敵わないと危惧していた。

容保はどうだったのか。

慶喜と一緒に敵前逃亡したことで、非戦とは言えない弱みがあった。抗戦の流れに乗るしかすべはなかった。ただし、長州に対する怨嗟の念は、誰よりも強いものがあった。

トラウマの原点

その原点は禁門の変である。

会津よりの孝明天皇を実力で長州に拉致し、長州政権を樹立せんと御所に攻め込んだ暴挙である。容保は病身を押して御所に駆け付け、身を挺して孝明天皇を守り抜いた。この時、京都の街は戦火で焼き尽くされ、おびただしい数の犠牲者が出た。長州藩の攻撃は、信じがたい狂気の沙汰だった。

会津を信頼する孝明天皇が不可解極まりない死を遂げたとき、孝明天皇毒殺の噂がすぐに流れた。下手人は岩倉具視と伝えられた。

これに関して東北大学名誉教授・石井孝氏の詳細な研究がある。『幕末非運の人びと』である。

なんでもありが、長州の戦略だった。会津藩対長州藩、これは、双方確執の対立だった。

会津藩の命運を決めたのは、白河大戦争だった。会津藩の弱点は、軍備の近代化の遅れだった。京都で政争に明け暮れ、エネルギーの大半を政治折衝に使ってしまった。

公用人たちは、目先の利害得失に目を奪われて、将来を見通す視野に欠けていた。軍備の軽視もその一つである。かくて白河戦争で大敗し、会津国境をたやすく破られる原因となった。

冷たい慶喜

終始、容保の胸に去来するものは、徳川慶喜の冷たい仕打ちだった。松平春嶽にいたっては、完全に傍観者の態度を貫いた。

会津藩は松平春嶽と慶喜に散々利用され、ぽいと捨てられたといっても過言ではなかった。彼らにとって会津藩の抵抗は、自分たちに降りかかる火の粉を和らげる効果があった。

薩長が会津攻撃に夢中であり、その間、慶喜と春嶽は傍観者でいればよかった。

会津はどんな旗印を立てて戦ったのか。

戊辰戦争百五十年に当たり、会津若松市は、『「義」の想い　つなげ未来へ―。』の旗印をかかげたが、何に対する「義」なのかがよくわからない。

会津藩は義を尽くした幕府に裏切られ、逃げ回る徳川慶喜の身代わりになって袋叩きにあった。

会津武士が命懸けで戦った理由は、薩長の欺瞞《ぎまん》に対する激しい怒りだった。

薩長新政府の戦後処理もきわめて苛酷だった。会津の人々は旧南部藩の下北の極寒の地に送られ、地獄の底に叩き落とされた。

会津人を救ったのは、皮肉なことに明治四年（一八七一）の廃藩置県だった。不毛の斗南藩から脱出できたからである。

残った人々は、小学校の教師や役場の職員に採用され、名誉を回復することができた。

今は故人だが、明治三十九年（一九〇六）、北海道に生まれ、東大在学中に共産党に入党、書記長になり、その後、転向し、戦後は大物フィクサーとして日本国内はもとより中東やインドネシア、中国など国内外で活躍した田中清玄《せいげん》は、会津藩家老田中土佐の末裔だった。

清玄は、末商から見た幕末の会津藩を『田中清玄自伝』で薩長こそ天皇をとことん利用した逆賊と木戸や西郷の欺瞞を書いていた。

悲劇の根本原因

容保の悲劇の根本原因は、身命を賭して仕えた孝明天皇の悲劇と共通するものがあった。

孝明天皇は慶喜の証言にあるように、国際情勢には関心を持たない人物だった。天皇にとって外国人は夷狄《いてき》であり、夷狄を日本に近づけてはならないと頑強に主張していた人物だった。

会津藩の京都在勤の六年間は、孝明天皇のかたくなさと、いつも逃げ惑う将軍慶喜とのはざまで翻弄され続けた悲劇であった。

その意味で、京都守護職を受けるべきにあらずといった西郷頼母や田中土佐の進言は、的を射たものだった。しかし、保科正之が定めた家訓から容保は逃れることはできなかった。

かくて容保は尊王攘夷、天皇急死、長州征伐、大政奉還、鳥羽伏見の戦争と次々に大動乱の波に飲み込まれていった。

おわりに

本書を書き終えて思うことは、容保は温和で優しい人物だったということである。修羅の時代ではなく、戦乱のない時代であれば後世に残るなにかを成し遂げた人物であったろう。

残念に思うことは、容保の決断がしばしば裏目に出てしまったことである。

大坂城は天下の名城である。籠城戦を続ければ、流れが変わる可能性が大だった。

主君容保の逃亡が会津藩兵に与えた衝撃は大きかった。容保は江戸に戻って藩兵たちに、逃亡をわび、藩兵たちは涙を流して、新たな結束を誓ったのだった。会津人は根がやさしく純朴だった。

その後、会津藩は朝敵として戊辰戦争に巻き込まれ、籠城一カ月、白旗を掲げて降参、賊軍、朝敵として明治を生きなければならなかった。

容保は寡黙だった。容保の脳裏に浮かぶのは、会津戦争で命を落とした数千人の藩士や家族、領民であったに違いない。義へのおもいではなく、なぜあの悲惨な戦争を避けることが出来なかったのか、そういう後悔の念であったろう。

松平容保論、この大名を描くことは難しい。徳川慶喜なら一刀両断にできるが、容保は根が純情なだけに、筆が鈍ってしまう。それも人徳なのかもしれない。会津藩が人気なのは、容保のなよなよしさも加味されているように思う。

容保の孫である秩父宮勢津子妃殿下のご成婚により、会津藩は朝敵という汚名をそそいだ。そのお祝いとして贈られたことがきっかけで、現在も毎年皇室に献上されている「会津身不知《みしらず》柿」が一つの象徴であろう。

戊辰戦争百五十年の節目にこの本を上梓することができ、編集を担当されたイースト・プレスの三浦由佳理さんをはじめ、関係各位に深く御礼申し上げます。

星亮一

松平容保　略年表

年号	西暦	年齢	主な出来事
天保6年	1835	1	12月29日、江戸四谷の高須松平家上屋敷に藩主・松平義建の第六子として生まれる。幼名を銈之允と称す。
弘化3年	1846	12	会津藩主八代・松平容敬の嗣子となり、和田倉門内、会津松平家上屋敷に移る。従四位以下侍従に命じられ、若狭守となる。
嘉永5年	1852	18	2月10日、藩主容敬薨じ、2月15日、容保、封を継ぎ肥後守に任じられる。
嘉永6年	1853	19	4月、容保、安房・上総の警備地を巡視し、士卒の操練や舟船の運用を見る。10月、品川第二砲台管主を命じられる。
安政2年	1855	21	10月2日夜、江戸大地震。和田倉邸・芝邸が焼失し、死者百六十五名。容保これの救済にあたる。
安政6年	1859	25	9月、品川第二砲台の守備を解かれ、幕府より東蝦夷「ニシベツ」より西蝦夷「サワキ」に至る間、アバシリ地方を除き海岸および三百六十キロ（九十里）を与えられ、本営・分営を置いて北辺を護る。
万延元年	1860	26	3月3日、桜田門外の変。容保、急ぎ出府して事態の収拾にあたる。12月、その功により左近衛中将に任じられる。
文久2年	1862	28	閏8月、京都守護職を命じられる。役料五万石を賜り、金三万両を貸与される。12月24日上洛。黒谷の金戒光明寺に館す。
文久3年	1863	29	1月2日、参内。小御所にて孝明天皇に拝謁し、特に緋の御衣を賜う。10月9日、孝明天皇より宸翰ならびに御製二首を賜り、その忠誠を嘉賞される。12月30日、一橋慶喜・松平慶永らとともに朝議参与を命ぜられる。
元治元年	1864	30	2月、上洛以来の功により五万石を増封される。京都守護職を免じ、陸軍総裁に任じられる。のち軍事総裁と改められる。4月、軍事総裁を免じ、再び京都守護職に任ぜらる。このとき実弟の桑名藩主・松平定敬、京都所司代となる。7月、禁門の変（蛤御門の戦い）起こる。
慶応2年	1866	32	12月、容保、水戸中納言・徳川慶篤の弟（斉昭の十九男）余九麿を嗣子とす。12月25日、孝明天皇崩御。公武一和の策を失う。
慶応3年	1867	33	2月、容保、病により守護職辞任を上表するも許されず。6月、嗣子余九麿、従四位下侍従に任ぜられ若狭守となり、諱を喜徳と称す。9月、喜徳、会津へ下向し、国の政務をみる。10月、徳川慶喜、大政を奉還し、将軍職を辞任す。12月、王政復古の詔勅下る。徳川慶喜、容保・定敬らを従え二条城より大坂城へ移る。

慶応4年	1868	34	1月3日、鳥羽伏見の戦い（戊辰戦争）起こる。1月6日、徳川慶喜ひそかに容保・定敬らを連れて軍艦開陽丸にて大坂湾より江戸へ向かう。2月4日、容保、藩主辞任して家督を喜徳に譲り、16日、江戸を発し会津へ帰り謹慎して命を待つ。3月、奥羽鎮撫総督・九条道孝（貞明皇后の父）、参謀・世良修蔵らとともに東北諸藩に令して会津・庄内の征討を命ず。4月、容保、仙台・米沢・庄内諸藩を通じ嘆願書を提出す。世良修蔵これをしりぞけ、仙台藩士に襲われ殺害される。5月、奥羽越列藩同盟成る。8月21日、石筵口、母成峠の戦い。23日、戸ノ口原の戦い。西軍、若松城下に侵入す。白虎隊士自刃。鶴ヶ城籠城はじまる。9月22日、鶴ヶ城開城。容保父子、滝沢妙国寺に入る。10月19日、容保父子、会津を発し、東京へ護送される。容保は池田邸に、喜徳は有馬邸に永預けとなる。
明治2年	1869	35	5月18日、家老萱野権兵衛長修、叛逆首謀者として責を一身に負い自刃す。芝興禅寺に埋葬される。6月3日、容保の実子、慶山大竜寺に生まれ、慶三郎と名付ける。10月8日、慶三郎、名を容大と称す。11月4日、容大、家名を相続し華族に列す。子爵を授けられ陸奥国三万石および北海道に四郡の支配仰せつけらる。12月7日、容保、和歌山藩へ預け替えとなる。
明治3年	1870	36	5月15日、容大、従五位に叙され、斗南藩知事に任じられる。9月2日、容大、若松を発す。青森県五戸へ向かう。
明治4年	1871	37	容保、喜徳とともに斗南藩に預け替えとなる。7月、廃藩置県により、旧藩主は藩知事を免じられる。7月、容保、喜徳とともに田名部に到り、父子三人は約一カ月居住す。8月、父子三人、東京へ移住す。
明治9年	1876	42	11月、容保、特旨をもって従五位に叙される。
明治13年	1880	46	2月、日光東照宮宮司に任じられる。同じく、旧会津藩家老西郷頼母近悳、禰宜に就く。3月、容保、上野東照宮祠官を兼務。同じく保晃会会長に就任。5月、特旨をもって正四位に陞叙される。
明治17年	1884	50	容保、願いにより日光東照宮宮司を免じられる。
明治20年	1887	53	9月、日光東照宮に補せられ、二荒山神社宮司を兼務す。12月、特旨をもって従三位に叙される。
明治23年	1890	56	陸軍省より鶴ヶ城跡を松平容保へ払い下げられる（二千円也）。
明治26年	1893	59	12月、特旨をもって正三位に叙される。12月5日、薨去。忠誠と諡す。9日、東京南豊島郡内藤新宿正受院に埋葬される。
大正6年	1917		6月、会津の院内山松平家墓域に移葬される。

参考文献一覧

堀田節夫『会津藩老・西郷頼母自叙伝『栖雲記』私注』東京書籍、一九九三
徳川慶喜『昔夢会筆記　徳川慶喜公回想談』（東洋文庫）平凡社、一九六七
相田泰三『松平容保公伝』会津郷土資料研究所、一九九二
日本史籍協会編『会津藩庁記録１・２・３』（日本史籍協会叢書）東京大学出版会、一九八二
山川浩『京都守護職始末』（東洋文庫）平凡社、一九八八
日本史籍協会編『会津戊辰戦史１・２』（続日本史籍協会叢書）東京大学出版会、一九七八
家近良樹『幕末の朝廷』中公叢書、二〇〇七
柴五郎著、石光真人編著『ある明治人の記録　会津人柴五郎の遺書』中公新書、一九七一
田中惣五郎『西郷隆盛』吉川弘文館、一九五八
手代木良策編『手代木直右衛門伝』糀谷印刷所、一九二三
西郷隆盛著、大西郷全集刊行会編『大西郷全集１』大西郷全集刊行会、一九二六
宮地正人『歴史のなかの新選組』岩波書店、二〇〇四
相田泰三編『維新前後の会津の人々』会津士魂会、一九六七
広沢安宅『幕末会津志士伝稿本』広沢安宅、一九二三
玉蟲左太夫『入北記』北海道出版企画センター、一九九二
石井孝『幕末非運の人びと』有隣堂、一九七九

アーネスト・サトウ著、坂田精一訳『一外交官の見た明治維新上・下』岩波書店、一九九五
東京大学史料編纂所編『復古記』東京大学出版会、二〇〇七
E・H・ノーマン『日本の兵士と農民』岩波現代叢書、一九六七
会津民衆史研究会編『民衆史研究第9号』会津民衆史研究会、一九七七
史談会編『史談会速記録』原書房、一九七一
笹沢魯羊『下北半嶋史』名著出版、一九七八
大鳥圭介「南柯紀行」『南柯紀行　北国戦争概略衝鋒隊之記』新人物往来社、一九九八
会津郷土資料研究所『慶應年間　會津藩士人名録』勉強堂書店、一九九二
橘南谿著、宗政五十緒校注『東西遊記1・2』（東洋文庫）平凡社、一九七四
青森県編『青森県史第8巻』歴史図書社、一九七一
松本二郎『萩の乱　前原一誠とその一党』マツノ書店、一九九六
田中清玄、大須賀瑞夫『田中清玄自伝』ちくま文庫、二〇〇八
星亮一『奥羽越列藩同盟　東日本政府樹立の夢』中央公論新社、一九九五
星亮一『幕末の会津藩　運命を決めた上洛』中央公論新社、二〇〇一
星亮一『会津落城　戊辰戦争最大の悲劇』中央公論新社、二〇〇三
飯沼関弥『会津松平家譜』一九三八
綱淵謙錠編『松平容保のすべて』新人物往来社、一九八四

＊本文内の引用は、一部、読者にわかりやすいように、著者が文意を損ねない範囲で加筆・改筆しているものもございます。

会津《あいづ》藩《はん》は朝敵《ちょうてき》にあらず
松平《まつだいら》容保《かたもり》の明治《めいじ》維新《いしん》

二〇一八年七月二十五日　初版第一刷発行

著者　星《ほし》　亮一《りょういち》
本文DTP　小林寛子
編集　三浦由佳理
発行人　永田和泉
発行所　株式会社イースト・プレス
〒一〇一-〇〇五一
東京都千代田区神田神保町二-四-七　久月神田ビル
電話　〇三-五二一三-四七〇〇
FAX　〇三-五二一三-四七〇一
http://www.eastpress.co.jp

印刷所　中央精版印刷株式会社

　ISBN 978-4-7816-1691-9